Vocabulario Bilingüe Náhuatl-Español

María Enriqueta Cerón Velásquez

Vocabulario Bilingüe Náhuatl-Español, Español-Náhuatl de Yancuitlalpan

PETER LANG

New York · Berlin · Bruxelles · Chennai · Lausanne · Oxford

Información bibliográfica publicada por la Deutsche Nationalbibliothek
La Deutsche Nationalbibliothek recoge esta publicación en la Deutsche Nationalbibliografie; los datos bibliográficos detallados están disponibles en Internet en http://dnb.d-nb.de.

Library of Congress Cataloging-in-Publication Data
Names: Cerón Velásquez, María Enriqueta author
Title: Vocabulario Bilingüe Náhuatl-Español, Español-Náhuatl de Yancuitlalpan / María Enriqueta Cerón Velásquez.
Description: Lausanne ; New York : Peter Lang, 2025. | Includes bibliographical references.
Identifiers: LCCN 2025036035 (print) | LCCN 2025036036 (ebook) |
   ISBN 9783034360395 paperback | ISBN 9783034360401 pdf | ISBN 9783034360418 epub
Subjects: LCSH: Nahuatl language--Dialects--Glossaries, vocabularies, etc. |
   Nahuatl language--Dialects--Mexico--La Magdalena Yancuitlalpan |
Spanish language--Dialects--Glossaries, vocabularies, etc. |
   Spanish language--Dialects--Mexico--La Magdalena Yancuitlalpan |
   Nahuatl-Spanish dialect--Mexico--La Magdalena Yancuitlalpan | LCGFT: Dictionaries
Classification: LCC PM4065 .C39 2025 (print) | LCC PM4065 (ebook)
LC record available at https://lccn.loc.gov/2025036035
LC ebook record available at https://lccn.loc.gov/2025036036

Imagen de portada: Personaje con el símbolo de la vírgula que representa a la palabra o el habla.
© Mario de Jesús Aburto Vázquez

Ilustraciones: Mario de Jesús Aburto Vázquez
Transcriptor: Efrén Altamirano

ISBN 978-3-0343-6039-5 (Print)
ISBN 978-3-0343-6040-1 (ePDF)
ISBN 978-3-0343-6041-8 (ePub)
DOI 10.3726/b23216

© 2025 Peter Lang Group AG, Lausanne (Suiza)
Publicado por Peter Lang Publishing Inc., New York (USA)

info@peterlang.com

Todos los derechos reservados.
Esta publicación no puede ser reproducida, ni en todo ni en parte, ni registrada o transmitida por un sistema de recuperación de información, en ninguna forma ni por ningún medio, sea mecánico, fotoquímico, electrónico, magnético, electroóptico, por fotocopia, o cualquier otro, sin el permiso previo por escrito de la editorial.

Esta publicación ha sido revisada por pares.

www.peterlang.com

Índice

Introducción
Algunas consideraciones sobre la importancia del vocabulario — 9
Algunos aspectos sociolingüísticos del náhuatl — 10
Ideologías lingüísticas y estandarización — 12
Criterios metodológicos de la muestra del náhuatl — 14
Algunas reflexiones sobre la escritura del náhuatl — 16
Consonantes del náhuatl de Yancuitlalpan — 17
Vocales en el náhuatl de Yancuitlalpan — 18

Bibliografía — 21

Cuadros

Cuadro 1: Consonantes del náhuatl de Yancuitlalpan 16
Cuadro 2: Vocales en el náhuatl de Yancuitlalpan 18
Vocabulario Náhuatl – Español 23
Vocabulario Español – Náhuatl 93

Ilustraciones

Ilustración ayohtle-calabaza	24
Ilustración chichi-perro	27
Ilustración denomale-mamá	29
Ilustración ehekatl-viento	31
Ilustración gagarachtik-carcomido	33
Ilustración itso-su cabello	35
Ilustración kale-casa	39
Ilustración lecho-marrano	45
Ilustración maitl-mano	47
Ilustración nixtololo-ojo	52
Ilustración olotl-olote	60
Ilustración papalotl-mariposa	66
Ilustración senkale-troje	69
Ilustración tetsopi-molcajete	72
Ilustración tlaxacale-tortilla	78
Ilustración tsontekomatl-cabeza	82
Ilustración wexolotl-guajolote	84
Ilustración xalotl-jarro	86
Ilustración yeyi-tres	89
Ilustración árbol-kwawitl	94
Ilustración boca- kamak'tle	98
Ilustración conejo-tochtle	100
Ilustración chayote-chayohtle	105
Ilustración dos-ome	107
Ilustración estrella-sitlali	110
Ilustración frijol-yetl	113
Ilustración gallina-sowakaxtil	115
Ilustración huevo de gallina-kaxtilitetl	117
Ilustración iguana-kohkitspali'	120
Ilustración jarro-xalotl	122
Ilustración lava-tlemoxatl	124
Ilustración mazorca-sentle	128
Ilustración nopal-nopalitl	134
Ilustración olla-chok'tle	137
Ilustración pescado-michi	139
Ilustración quince-kaxtole	143
Ilustración ratón-kimichi	146
Ilustración sol-tonaltsintle	148
Ilustración telaraña-tekatsanili	153
Ilustración uña-ihtetl	156
Ilustración viento-ehekatl	158
Ilustración ya cayó la fruta-yotepeh	161
Ilustración zacate-sakatl	164

Introducción

El objetivo del presente libro es dar a conocer el vocabulario náhuatl-español y español-náhuatl de la variedad dialectal del náhuatl central de la comunidad de Santa María Magdalena Yancuitlalpan, del municipio de Tochimilco, en el estado de Puebla, México. Actualmente, esta comunidad cuenta con 2,460 habitantes, y el porcentaje que habla una lengua indígena es de 34.88% (2020). Dicho vocabulario es resultado de una investigación sociolingüística sobre esta variedad de la lengua náhuatl y el bilingüismo existente en la comunidad mencionada. El estudio nos permitió registrar y comparar dos variantes: el empleo del náhuatl en algunos rituales religiosos y en su uso cotidiano. Estas variedades presentan diferencias significativas entre el uso ritual y el coloquial, desde una perspectiva etnográfica, sociolingüística y pragmática. Es un vocabulario de uso práctico, originado desde un estudio sociolingüístico que muestra el uso del náhuatl, tal y como se habla en la comunidad de Yancuitlalpan, Puebla. Es decir, muestra los cambios que se han ido dando, por ejemplo, préstamos del español, o bien sonidos que se han ido incorporando al náhuatl.

Algunas consideraciones sobre la importancia del vocabulario

Este conjunto de palabras forma parte del uso de la lengua náhuatl desde dos registros lingüísticos que permitieron encontrar diferencias en el uso y, a nivel gramatical, entre la variedad coloquial con respecto a la ritual. Es decir, la abundancia de formas honoríficas en la ritual y la casi ausencia de los mismos en la coloquial. El conocimiento del léxico o del vocabulario resulta fundamental, pues mediante éste se organiza la experiencia, la comprensión y explicación del significado. En este sentido, se puntualiza lo siguiente:

El lenguaje tiene un carácter inherentemente simbólico. Por lo tanto, su primera función es significar; de ello se deduce que no es correcto separar el componente gramatical del semántico: la gramática no constituye un nivel formal y autónomo de representación, sino que también es simbólica y significativa. (Cuenca y Hylferty, 2007).

Esto es, en cada léxico o vocabulario percibimos, experimentamos y categorizamos el mundo. Desde esta perspectiva, se ve al lenguaje de una manera más integral e interdisciplinaria desde el experiencialismo. En síntesis, tenemos "la conciencia plena de la interconexión entre las tres partes de la experiencia humana: lenguaje, mente y mundo" (Cuenca y Hylferty, 2007). Además, el lenguaje cumple una función cognitiva y funcional basada en el uso del lenguaje.

En el caso del presente estudio, el vocabulario refleja las formas de la vida cotidiana y ritual en la comunidad de Yancuitlalpan, en donde es importante el uso de los distintos registros estilísticos en las diferentes situaciones comunicativas. La diferencia en este léxico bilingüe es que el uso de las formas se documenta en eventos de habla en su contexto sociolingüístico y pragmático.

Algunos aspectos sociolingüísticos del náhuatl

La variedad lingüística es la del náhuatl central. Según Lastra (1986), el centro se divide en varias subáreas que son las siguientes:

(1) Subárea nuclear
(2) Puebla-Tlaxcala
(3) Xochitepec-Huatlatlauca
(4) Sureste de Puebla
(5) Guerrero central
(6) Sur de Guerrero

La variedad que se habla en Yancuitlalpan corresponde al náhuatl del sureste de Puebla, en donde existen varias comunidades nahuas situadas en las faldas del volcán Popocatépetl, en la región de Atlixco, municipio que se encuentra a 40 kilómetros de la ciudad de Puebla; además, "el centro es un área innovadora, a veces las innovaciones alcanzan sólo un área pequeña y a veces se extienden hasta la Huasteca o a las zonas periféricas" (Lastra, 1986).

Es importante decir que existen varios estudios lingüísticos sobre el sustantivo y su estructura, pero no estudios sobre la estructura verbal del náhuatl. En el estudio sobre el náhuatl de Yancuitlalpan se analizaron las diferencias entre el discurso coloquial y el ritual con énfasis en las formas verbales. De este modo, se halló la ausencia casi total de reverenciales en el primero; y su abundancia, en el segundo (Cerón, 2013).

Cabe señalar que las características del verbo en el náhuatl clásico básicamente se mantienen en el náhuatl actual de Yancuitlalpan, así como sus propiedades gramaticales. Sobre ello, Andrews señala que "desde el punto de vista de la formación de palabras hay tres clases de palabras en náhuatl: verbos, sustantivos y partículas. Los verbos y sustantivos se diferencian de las partículas en sus formas, por pertenecer a distintos conjuntos paradigmáticos" (1975, p. 13). En este vocabulario se encuentran tres clases de palabras, como son sustantivos, verbos y partículas, de estas últimas se hallan: artículos, pronombres, preposiciones, conjunciones en náhuatl, etcétera. La lengua náhuatl es aglutinante, por ello en varias entradas léxicas, cada palabra correspondiente siempre aparece acompañada de un posesivo, por ejemplo, i-tso "su cabello", o bien como *denomale'*, compuesta por **de**-no-**male'**,[1] que significa "de mi mamá", esta palabra es una forma coloquial, en la que se observa la integración de la preposición del español *de*, posesivo 1ra. persona *mí*, y la forma *male'*, que es un préstamo del español, madre. Se puede apreciar la alternancia de la variedad coloquial *no-male'* y de *no-nan-tsi*, mi madre, con respeto de la variedad ritual. El náhuatl de Yancuitlalpan presenta una relativa influencia del español en la estructura del náhuatl, ello se puede apreciar en los ejemplos arriba señalados.

Este léxico recupera las formas verbales del discurso ritual pronunciado en el cambio de Mayordomía de la Guadalupana, así como también muestras del discurso coloquial. Asimismo, se incluyen las formas verbales, las cuales, según Andrews: "están conformadas de afijos de inflexión (prefijos y sufijos) que se encuentran vinculados y colocados alrededor del tema y que generalmente son portadores del significado verbal (evento, acción, estado). Este tema puede ser simple o derivado" (1975, p. 13); dichas formas verbales se incluyen en este vocabulario, citado en Cerón (2013).

Entre los temas simples se encuentran los siguientes: nitlakwa, ni-tla-kwa "yo como", usado en la variedad coloquial, y como ejemplo de temas derivados tenemos otro de la variedad ritual: ti-k-wal-mo-tlasohkamachi-lih-tsino-s-keh, suj-obj-reflex-agradecer-aplic-rev-fut-pl, "nosotros les agradecemos a él (alguien, persona respetable). Este tipo de verbos marcan diferentes niveles de respeto, son formas honoríficas usadas en los *wewetlahtoli*.

Como se puede apreciar, las características estructurales que presenta el verbo en el náhuatl clásico, básicamente, se mantienen en el náhuatl actual de Yancuitlalpan, así como sus propiedades gramaticales. También se expone la presencia de abundantes formas honoríficas en la estructura del verbo en el discurso ritual (Cerón, 2013).

---

[1] Se marcan, en este caso, en negritas los préstamos del español, que se han introducido en la morfología del náhuatl.

INTRODUCCIÓN

Ideologías lingüísticas y estandarización

La lengua náhuatl fue la lengua del imperio y la que fungió como *lingua franca* a la llegada de los españoles a tierras mexicanas; su predominio se puede constatar por su gran uso en la toponimia existente a lo largo del territorio mexicano. "La lengua ha sido siempre la compañera del imperio", decía el gramático español Lebrija (1942-1946), sin embargo, no era siempre obvio saber cuáles lenguas usar en la administración del imperio (Woolard, 1998).

Los administradores vieron la importancia que tenía la lengua náhuatl, por ello, pronto se dio el control no sólo de los hablantes, sino también de sus lenguas en un país en donde existía una gran diversidad lingüística.

La estandarización representa un problema muy complejo en el que están implicadas distintas relaciones entre la lengua, la política del lenguaje y el poder. Woolard (1998) señala que "nuevos énfasis en las dimensiones ideológicas de las prácticas lingüísticas han hecho surgir análisis de la estandarización del habla como un proyecto discursivo, tratando la palabra 'estándar' más como un proceso ideológico que como un hecho lingüístico empírico". Este trabajo trata de resaltar dicha dimensión, entendiendo el estándar como un proceso ideológico. Desde este enfoque se encuentra el trabajo de Milroy (2012), quien examina "los efectos de la ideología de la lengua estándar en las actitudes hacia el lenguaje de académicos y no académicos, y considera hasta qué punto los propios lingüistas se han visto afectados por —y han contribuido con— esta ideología".

Es importante plantearse la situación de las lenguas indígenas nacionales en un país donde existe una gran diversidad sociolingüística, así como considerar que en cada una de esas lenguas hay diversas creencias y actitudes por parte de los hablantes; pero también de las instituciones sobre la homogeneización y, por tanto, de la estandarización. Woolard (1998) afirma que "la creencia de que las lenguas identificadas como distintas pueden y deberían ser aisladas, nombradas y contadas, entra no solo en la minoría y mayoría de los nacionalismos, sino también en las diferentes estrategias de dominación".

Existen diferencias en las actitudes entre los mismos hablantes de una lengua, pues cada uno de los grupos considera que habla la variedad "correcta" y que los otros no lo hacen, por tanto, invalidan la forma de hablar del otro, así como la imposición del español como lengua mayoritaria, resultado de una política del lenguaje impuesta, producto de la dominación colonial, postcolonial y neocolonial.

La diferencia entre las lenguas que tienen una escritura y las que no la tienen, marca cada vez más una distancia entre sus hablantes, pues están inmersas en relaciones de poder, de dominación y de conflicto; de este modo, las lenguas de prestigio *versus* las lenguas vernáculas presentan juicios de valor. Por lo regular, la lengua de prestigio es el español, cuya variedad estándar se homologa con la variedad que posee mayor prestigio, además las lenguas como el náhuatl se consideran ágrafas, erróneamente llamadas "dialectos", es decir, son minorizadas. Las actitudes descritas poseen una carga ideológica, Milroy (2012) señala que "comúnmente la 'variedad estándar' ha sido equiparada a 'la variedad de mayor prestigio', en lugar de caracterizarla por la variedad con el mayor grado de uniformidad". Según Milroy, las variedades de las lenguas no cuentan con prestigio en sí mismas, más bien son los hablantes quienes presumen prestigio, y éste es atribuido por los seres humanos a grupos sociales particulares.

Otro aspecto importante que destaca Milroy (2012) es la legitimación de la lengua, pues apunta lo siguiente:

> Aquí debo continuar para considerar una característica esencial de la ideología por sí misma, la necesidad de la lengua estándar de ser mostrada como la variedad legítima de una lengua. Este es uno de los aspectos más interesantes de la ideología, en especial porque esta legitimidad ha sido construida no simplemente sobre el consenso general de la población, sino por los esfuerzos de los mismos lingüistas académicos. (p. 547).

Estos ejemplos de ideologías de la estandarización han sido aplicados con las lenguas de prestigio, sin embargo, no sucede lo mismo con cada una de las lenguas minoritarias, como el náhuatl, en el cual varios de los activistas y escritores en lengua indígena pretenden establecer "la idea de una variedad estándar, la difusión del conocimiento sobre esta variedad, su codificación en libros de gramática en diccionarios y su promoción en un gran rango de funciones, todo esto lleva a la devaluación de otras variedades" (Milroy, 2012, p. 547). Antes de iniciar con estas acciones hacen falta estudios sobre el proceso de la ideología de la lengua estándar, como el propuesto por Milroy (2012).

Actualmente, en México existen muchas descripciones lingüísticas sobre las lenguas indígenas; en la mayoría de los casos se usa la escritura fonética, sin embargo, los escritores indígenas han tratado de implementar una escritura práctica que facilite la documentación de estas lenguas, puesto que algunos símbolos fonéticos representan ciertas dificultades en relación con el alfabeto latino y, en todo caso, con el alfabeto español, que es la lengua de prestigio. Ello nos lleva a pensar en el estatus que tiene la lengua de prestigio en una sociedad, su relación con la situación desigual de las lenguas minoritarias, así como en la gran diversidad sociolingüística que existe en las lenguas nacionales mexicanas.

INTRODUCCIÓN

Criterios metodológicos de la muestra del náhuatl

En el proceso de la investigación fue empleada la metodología sociolingüística para registrar el uso de estas variedades, mediante técnicas como la observación participante y la grabación de habla espontánea, interacciones, pláticas libres o discursos rituales llamados *wewetlahtoli*, estos últimos utilizados en distintos eventos comunicativos rituales, en este caso, en la Mayordomía de la Guadalupana. Los resultados han sido publicados en *Alternancia de códigos entre el náhuatl y español. Estrategia discursiva de identidad étnica* (Cerón, 2013).

El vocabulario está basado en las transcripciones de interacciones o en pláticas libres, para reconocer la variedad del náhuatl coloquial. La primera clase de transcripción se trata de una plática libre que se lleva a cabo entre dos mujeres nativas de Yancuitlalpan, en la casa de una de ellas. Una de las mujeres sabe leer y escribir, mientras que la otra no. La siguiente transcripción es sobre la plática de dos mujeres que lavan su ropa en el jagüey (o lavadero). El otro registro aborda pláticas o interacciones libres durante el trayecto a Atlixco, así como una narración de una joven nahua. También se incluye todo el vocabulario empleado en una larga y rica narración sobre la erupción del volcán Popocatépetl.[2]

Finalmente, se incluye el vocabulario empleado en el *wewetlahtoli*, sobre el cambio de Mayordomía de la Guadalupana, evento comunicativo que se llevó a cabo en la sacristía de la iglesia. Los participantes fueron el wewetlahto del mayordomo saliente, el wewetlahto del mayordomo entrante, el wewetlahto de los fiscales, la compañía o devotados de los respectivos mayordomos, además de la autoridad de la presidencia auxiliar de la comunidad. En el análisis de la variedad ritual, precisamente las formas verbales presentan diferencias significativas frente a la variedad coloquial.

Sin duda, una contribución del estudio está en los rasgos y significados sociolingüísticos de lo que se entiende como variedad ritual o ceremonial y variedad coloquial de la lengua náhuatl. Al respecto, Duranti (2000) señala lo siguiente:

> La contribución de los antropólogos lingüistas a la definición actual de la etnografía, a sus objetivos, condiciones y resultados ha puesto énfasis en la necesidad de que nuestros sujetos hablen, tanto como sea posible, con sus voces y sus cuerpos, que cuenten las historias que cuentan habitualmente en su vida cotidiana. (p. 139)

---

[2] Las transcripciones completas de donde se tomó este vocabulario se publicaron como anexos en Cerón, Velásquez, M.E. (2013). *Alternancia de Códigos entre el náhuatl y el español. Estrategias discursiva de identidad étnica*. Xalapa-México. UNAM-UV.

Las transcripciones de este corpus deben entenderse desde dicho enfoque sociolingüístico etnográfico. Entre otros aspectos importantes considerados, se encuentra el relativo al significado del habla espontánea, registrado mediante las grabaciones de interacciones cara a cara, así como los intercambios o eventos comunicativos rituales que tienen un significado cultural relevante en la vida de la comunidad; es decir, este tipo de perspectiva etnográfica del habla destaca el poder de las palabras y las estructuras interaccionales (Gumperz, 1982). En otras palabras, estudiamos las formas lingüísticas como eventos comunicativos que son parte de prácticas lingüísticas, es decir, como eventos definidos por el uso de la lengua. En este sentido, Duranti (2000) parafrasea a Hymes (1972[a]) y apunta que "este paradigma rompió con la definición restringida de la lengua [...] (donde lengua era entendida como 'gramática') y al mismo tiempo señaló nuevos caminos para pensar la lengua como cultura". Este enfoque se plantea desde la sociolingüística para relacionar los usos verbales de las dos variedades —coloquial y ritual— hacia el análisis de estos usos desde una perspectiva etnográfica (Cerón, 2013). De ahí la búsqueda por conservar las formas lingüísticas empleadas en el contacto de lenguas entre el náhuatl y el español, sean éstas préstamos o formas híbridas, para quienes les interesen los temas sobre contacto lingüístico. También se toman en cuenta las formas singulares y plurales, las formas verbales en sus distintos modos y tiempos, así como las formas posesivas y reflexivas, para quienes les interese un análisis morfológico o léxico, de esta lengua, etcétera.

En suma, esta investigación sociolingüística versó sobre el contacto lingüístico entre el náhuatl y el español desde un enfoque etnográfico y sociolingüístico situado y contextualizado. La sociolingüística desde una óptica etnográfica ha sido muy importante para el estudio interdisciplinario del uso de la lengua en su contexto social y cultural. Hymes es uno de los estudiosos que trata de vincular la antropología lingüística con la antropología desde su propuesta de la etnografía del habla o de la comunicación.

Es decir, se exploran nuevas posibilidades de investigación del estudio situado de los usos lingüísticos. Este enfoque, sin duda, permite la comprensión de dichos usos desde una visión etnográfica que los sitúa histórica, social, política y económicamente (Cerón, 2013). En este sentido, el valor del vocabulario consiste, precisamente, en que forma parte de las prácticas lingüísticas cotidianas y rituales, es decir, se trata del registro situado de la lengua en la comunidad lingüística de estudio, en donde se utilizan diferentes formas de hablar, como es el caso de este léxico.

INTRODUCCIÓN

Algunas reflexiones sobre la escritura del náhuatl

A través de la historia, la lengua náhuatl ha sido escrita de muy distintas maneras, por un lado, se encuentran los trabajos realizados por lingüistas que, por lo regular, utilizan el alfabeto fonético internacional para la transcripción fonética de la lengua con el fin de realizar sus estudios lingüísticos. Por otro, se encuentran los profesores bilingües que han implementado la escritura práctica y de fácil acceso para la enseñanza de la lengua. Hasta el momento, ninguna institución ha reglamentado y, mucho menos, normado su escritura. El Instituto Nacional de Lenguas Indígenas (INALI) ha regulado los dialectos modernos del náhual; sin embargo, no se ha tomado en cuenta el parecer de las comunidades lingüísticas para regular estas prácticas. En realidad, el regular el estándar ortográfico es un problema complejo ya que involucra a los hablantes, quienes manifiestan actitudes lingüísticas contrastantes y conflictivas en una misma comunidad lingüística.

En el país existe una gran diversidad sociolingüística, así como distintas propuestas sobre cómo escribir en las lenguas indígenas mexicanas, por ende, esta problemática es extensiva al náhuatl. El problema surgió cuando se planteó registrar este vocabulario ante la interrogante de qué tipo de escritura utilizar: la escritura fonética, la clásica o la práctica. En este trabajo se respeta la escritura práctica utilizada por Efrén Altamirano, profesor nativo quien ayudó en la transcripción fonética del náhuatl, originario de Yancuitlalpan, le agradezco a él y su familia su valioso apoyo.

Es importante anotar que en la escritura ortográfica clásica[3] es utilizada para las citas de textos que la emplean, por ejemplo, *huehuetlahtolli*. En cuanto al corpus recopilado en náhuatl, debe señalarse que fue utilizada la notación fonética ts en lugar de c, por ejemplo, en la palabra *namomawitsotsi*. A continuación, se presenta el cuadro fonológico del náhuatl de Yancuitlalpan y sus correspondientes grafías fonéticas.

Cuadro 1: Consonantes del náhuatl de Yancuitlalpan

	Bilabial	Dental	Alveolar	Alveo-Palatal	Velar	Glotal
Oclusiva	p	t			k kw	?
Fricativa			s	x sh		h

---

[3] En la escritura clásica se usa *huehuetlahtolli*, sobre todo en fuentes históricas, y en este vocabulario usamos la notación fonética *wewetlahtoli*.

	Bilabial	Dental	Alveolar	Alveo-Palatal	Velar	Glotal
Africada			tɬ tl ts c	tʃ ch		
Nasal	m		n			
Líquida			l			
Semivocal	w			y	W	

Fuente: Alfabeto fonético internacional (IPA)

Consonantes del náhuatl de Yancuitlalpan

A continuación, se presentan los fonemas consonánticos del náhuatl de Yancuitlalpan. Existen las consonantes oclusivas *p, t, k*; es de señalar que en náhuatl no existen las oclusivas sonoras *b, d, g*; sin embargo, en este vocabulario se consideran palabras con *g*, debido a la influencia del español como "gagarachtik", que significa carcomido. Además, se tiene la oclusiva *kw*, que no es más que una variante o alófono del fonema *k*. La [kw] se escribe como en nikwalahtikisa-vendré por casualidad. Existe en náhuatl lo que se conoce como saltillo[ʔ] una oclusiva glotal, que se realiza como tal y alterna algunas veces en posición final como en male', además se marca también con ['] que significa madre. En esta variedad de Yancuitlalpan se realiza también como un fricativo glotal que se representa como *h*, por ejemplo: tikwalmotlasohkamatitsinoskeh-lo agradeceremos nosotros a ustedes. Se usan las consonantes fricativas *s* y *x*. Esta última no se usa en español, fonéticamente corresponde a [ʃ] o [š]), que es un sonido como *sh* del inglés. En náhuatl se usan las consonantes complejas como las africadas, [tɬ] - *tl*, un fonema característico de esta lengua en su uso como en tlakatl que es "hombre". La consonante africada [c] - *ts* que se puede representar como *ts* por ejemplo, tsontekomatl que siginfica "hombre". La consonante africada *ch*, se representa fonéticamente como [tʃ], por ejemplo, en chayohtle que en su forma castellanizada es "chayote". Las consonantes nasales son *m*, que se usa en michi que es "pescado"; y *n*, como en nonantsin que significa "mi madrecita". Las semiconsonantes son *w*, como en wexolotl que es "guajolote"; y *y*, como en yankwik "nuevo". La única consonante líquida es *l*, como en lamatlahto que quiere decir "mujer que habla wewetlahtoli", o bien, como en casa se dice kali, que puede aglutinarse con algún posesivo como ikali, "su casa"o tokali, "nuestra casa". Otra variación es el uso de chantle para referirse a una vivienda común (domicilio), chantsinko, a un domicilio con reverencial (respetable domicilio), ambas acepciones provienen de la misma raíz, sin embargo, este cambio obedece al uso de la variedad coloquial frente al uso del náhuatl ritual.

INTRODUCCIÓN

Enseguida, se muestran los fonemas consonánticos en náhuatl con su correspondiente grafía práctica y ejemplos de su uso en palabras.

/p/ - [p]   Papalotl – mariposa.
/t/ - [t]   Tomi – dinero.
/k/ - [k]   Kali – casa.
/kw/ - [ku]   Kwawitl – árbol.
/'/ -[ʔ]-[h]   Tohtle – gavilán.
/s/ - [ʃ]   Sempoale – veinte.
/x/ - [ʃ], [sh]   Xaxokotl – guayaba.
/l/- [l]   Lamathahto – vieja que habla.
/tl/ - [tɬ]   Tlaxkale – tortilla.
/ch / - [(t͡ʃ)]   Chantsinko – casa respetable.
/ts/ - [c]   Tsonteko – cabeza.
/m/ - [m]   Mati – saber.
/n/ - [n]   Nonantsitsiwah – mis madrecitas.
/w/ - [w]   Wewethahto - viejo que habla.
/y/ - [j]   Yankwik – nuevo.

Vocales en el náhuatl de Yancuitlalpan

A continuación, se presentan las vocales en el náhuatl de Yancuitlalpan según las dimensiones de anterioridad (vocal anterior, central, posterior) y altura (alta, media, baja) o abertura vocal (vocal cerrada o vocal abierta), es decir, por la posición de la lengua en su producción.

Cuadro 2: Vocales en el náhuatl de Yancuitlalpan

i		
e		o
	a	

Fuente: Alfabeto fonético internacional (IPA)

A continuación, se presentan los fonemas vocálicos en náhuatl de Yancuitlalpan con su correspondiente grafía práctica y ejemplos de su uso en palabras, según anterioridad y altura en esta variedad del náhuatl en esta comunidad.

/a/   vocal central baja.
/e/   vocal anterior media.

/i/   vocal anterior alta.
/o/   vocal central baja.

Cabe mencionar que en otras variedades del náhuatl se usan las vocales largas *ā, ē, ī* y *ō* (Tuggy, 1991). Según Dakin, uno de los rasgos marcados en la evolución del náhuatl es que en éste se han reducido cinco vocales cortas a cuatro (2021 p. 2189), en esta comunidad sólo se usan cuatro vocales cortas y las vocales largas, prácticamente, ya no se usan en la variedad de Yancuitlalpan.

La variedad de Yancuitlalpan registra cuatro vocales y una semivocal u [w]:

/a/ - [a]   Atl – agua.
/e/ - [e]   Ehekatl- viento.
/i/ - [i]   Ihtetl – estómago.
/o/ - [o]   Okotl – ocote.
/u/ [w][4]   Wan- y (semivocal).

Finalmente, se presentan las consonantes y vocales tanto en su versión práctica como su correspondiente símbolo fonético según el IPA (1999). Se espera que este vocabulario pueda ser útil a los propios habitantes de Santa María Magdalena Yancuitlalpan, Tochimilco Puebla, así como a un público mayor, como investigadores, estudiantes del náhuatl, maestros que ofrecen cursos de lingüística, personas que estudian el náhuatl como segunda lengua y para todos los interesados en el náhuatl. Asimismo, este vocabulario contribuye como una forma de apoyar la revitalización de la lengua náhuatl.

Mi agradecimiento a Yolanda Lastra por la lectura del escrito y su invaluable apoyo e interés por las lenguas mexicanas, también debo agradecerle por los esfuerzos que realizó para que se publicara este vocabulario. Agradezco a la familia Altamirano García por su hospitalidad cuando realicé el trabajo de campo y a los habitantes de Santa María Magdalena Yancuitlalpan, Puebla, por su importante colaboración; espero que esta obra les pueda servir como soporte y libro de consulta. A Efrén Altamirano García, nahua-hablante, por su continuo apoyo en el aprendizaje de esta lengua, en la transcripción del corpus y en la revisión y corrección del léxico en náhuatl. A Mario de Jesús Aburto Vázquez, por su valioso apoyo en las magníficas ilustraciones de este texto. A Luis Roberto Rodríguez Vásquez, por su apoyo en la corrección tipográfica. A continuación, se encuentra el vocabulario en su versión bilingüe náhuatl-español y español náhuatl.

---

[4] La [o] y la [u] alternan y son variantes del mismo fonema, por ejemplo, en la palabra [amo'] y [amu'] es la negación, incluso en los préstamos como en [koxtal] y [kuxtal], que es costal.

Bibliografía

Andrews, R. J. (1975). *Introduction to Classical Nahuatl*. Austin y Londres. University of Texas Press.
Bauman, R., y Sherzer, J. (1974). *Explorations in the Ethnography of Speaking*. New York. Cambridge University Press.
Cerón, M. E. (2013). *Alternancia de códigos entre el náhuatl y el español. Estrategias discursivas de identidad étnica*. Xalapa, Veracruz, México-Xalapa. Instituto de Investigaciones Antropológicas, UNAM, Universidad Veracruzana.
Cuenca, M. J., y Hilferty, J. (2007). *Introducción a la lingüística cognitiva*. Barcelona. Ariel Lingüística.
Dakin, K. (2021). La diversificación de la lengua nahua: isoglosas tempranas en contexto, en Rebeca Barriga Villanueva y Pedro Martín Butragueño (eds.), *Historia de la sociolingüística en México*, México, Colegio de México, Vol. 4, p. 2173-2204.
Duranti, A. (2000). *Antropología lingüística*. Madrid. Cambridge University Press.
Gumperz, J. (1982). *Discourse Strategies*. New York. Cambridge University Press.
Hymes, D. (1962). The Ethnography of Speaking, en Gladwin, T. y Sturtevant, W.C. (eds.), *Anthropology and Human Behavior* (pp. 13–53). Washington. The Anthropology Society of Washington.
Hymes D. (1964). La sociolingüística y la etnografía del habla. In *Language in culture & society: a reader in linguistics and anthropology*. Nueva York. Harper y Row.
International Phonetic Association. (1999). *Handbook of the International Phonetic Association: A guide to the use of the International Phonetic Alphabet*. Cambridge. Cambridge University Press.
Instituto Nacional de Estadística y Geografía (2020). *Censo de población y vivienda. 2020. Resultados*. México. Instituto Nacional de Estadística, Geografía e Informática.
Junyent, C. (1999). *La diversidad lingüística. Didáctica y recorrido de las lenguas del mundo*. Barcelona. GELA (Grupo de Estudio de Lenguas amenazadas), ediciones Octaedro.
Lastra de Suárez, Y. (1986). *Las áreas dialectales del náhuatl moderno*. México. Instituto de Investigaciones Antropológicas UNAM.
Launey, M. (1992). *Introducción a la lengua y a la literatura náhuatl*. México. IIH-UNAM.
Medina Guerra, A. M. (coord.) (2003). *Lexicografía española. Presentación de Germán Colón*. Barcelona. Ariel Lingüística.
Milroy, J. (2001). Languages ideologies and the consequences of standarization. En *Journal of Sociolinguistics*. 5/4. pp. 530-555.
Milroy, J., y Milroy, L. (2012). *Authority in Language. Investigating Standard English*. London and New York. Routledge, Taylor & Francis Group.
Saville-Troike, M. (1982). *The Ethnography of Communication: An Introduction* (Language in Society, 3). Oxford. Basil Blackwell and Baltimore.
Siméon, R. (1977). *Diccionario de la lengua náhuatl o mexicana*. México. Siglo XXI.
Sullivan, T. (1976). *Compendio de la gramática náhuatl*. México. IIH-UNAM.
Tuggy, T. D. (1991). *Curso de náhuatl moderno*. Puebla. Universidad de Las Américas.
Woolard, K. A. (1998). Introduction: Language Ideology as a Field of Inquiry, en B. B. Schieffelin, K. A. Woolard y P. V. Kroskrity (eds.), *Language Ideologies. Practice and Theory* (pp. 1–47). Nueva York: Oxford University Press.

Náhuatl – Español

A.

NAHUATL	ESPAÑOL
Atl.	Agua.
Achichintle.	El que chupa agua.
Atsi.	Agüita.
Atsi.	Mollera.
Ahawile.	Juguete.
Ahkoltih.	Hombros.
Ahkets.	Boca arriba.
Ahkole.	Hombro.
Akah.	Alguien.
Akin.	¿Quién?
Akinkeh.	Quiénes.
Akmaka.	Ya no está.
Akmo in.	Ya no está él.
Akmo.	Ya no.
Akwel.	Ya no puedo.
Alcolwili.	Úntele alcohol.
Amaka.	No está.
Amakah.	Ninguno.
Amatis.	Quién sabe.
Amakin.	Ninguno.
Amatlalmachiotl.	Mapa.
Ahawiltih.	Juguetes.
Ameyale'.	Manantial.
Amo' [u'].	No.
Amotsi.	No con respeto.
Amokasi.	No lo encuentran.
Amotenki.	Vacío.
Ankimatis.	Quién sabe.
Aretesti.	Arete.
Arestestih.	Aretes.
Asikoh.	Llegaron.
Asili.	Liendre.
Asiltih.	Liendres.
Ahtlahtle.	Barranca.
Atlahtih.	Barrancas.
Atik.	Aguado.
Atlahko.	Barranca.
Atlahtle.	Río o barranco.

NAHUATL	ESPAÑOL
Atolokatl.	Renacuajo.
Atolokameh.	Renacuajos.
Axan.	Hoy.
Axka.	Hoy (en esta época).
Axkan.	Ahora.
Ayamo.	Todavía no.
Ayekachtle.	Sonaja.
Ayekachtih.	Sonajas.
Ayih.	Hacer.
Ayohtsi.	Calabacita.
Ayohtih.	Calabazas.
Ayohtle.	Calabaza.
Ayohsemiya.	Semilla de calabaza.
Ayotochi.	Armadillo.
Ayotochtih.	Armadillos.

Ch.

NAHUATL	ESPAÑOL
Ch'awa.	Grasa.
Ch'awayo.	Grasoso.
Chachayohtsitsi.	Chayotitos.
Chantsinko.	Respetable domicilio.
Chamo wala.	¿Qué no vino?
Chantle.	Vivienda.
Chapak.	Chaparro.
Chapopohtle.	Chapopote.
Chayohtih.	Chayotes.
Chayohtle.	Chayote.
Chichi.	Perro.
Chichimeh.	Perros.
Chichichito'.	Perrito.
Chichikihtero.	Telaraña.
Chichilamah.	Perra.
Chichiltik.	Rojo.
Chichiwale.	Seno.
Chichiwalkampana.	Chichona.
Chichiwaltih.	Senos.
Chikome.	Siete.
Chihchatl.	Saliva.
Chikanye.	También.
Chikawalistle.	Fuerza de vida.
Chikwase.	Seis.
Chiwili.	Hazlo.
Cholos.	Huirá.
Choloskeh.	Huirán.

D.

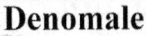
Denomale
De mi Mamá

NAHUATL	ESPAÑOL
Den de in.	De él (con él).
Denika.	De aquí.
Denitlakatilitsi.	De su nacimiento.
Denomale.	De mi mamá.
Denon.	De ese.
Deyiwehka.	Ya hace años.

E.

NAHUATL	ESPAÑOL
Ehekatl.	Viento.
Eskatlapale.	Ala.
Ehelwetska.	Se carcajean.
Elsisiwi.	Suspira.
Elmelak.	No musculoso.
Eweteki.	Parado.
Ewetekeca.	Páralo.

G.

NAHUATL	ESPAÑOL
Gagarachi.	Cucaracha.
Gagarachtih.	Cucarachas.
Gagarachtik.	Carcomido.

I.

NAHUATL	ESPAÑOL
Ihtetl.	Barriga.
Ilwikak.	En el cielo.
Icha.	Su casa de él o ella.
Ichpoka.	Su muchacha.
Ichpokameh.	Muchachas.
Ichpokatl.	Muchacha.
Ichpokatotoh.	Muchachas.
Ichpopokatotoh.	Muchachitas.
Ichpochtle.	Doncella.
Itso.	Su cabello.
Itsotso.	Su cabellito.
Itstik.	Frio.
Itstika.	Está frio.
Itstike.	Frios.
Ifalda.	Su falda.
Ihkatok.	Está parado.
Ihkin.	Así de esta forma.
Ihkon.	Así de esa forma.
Ihkwak.	Cuando.
Ilowak.	Que están.
Ihte.	Su estómago.
Ihtepetlayewatl.	Panza.
Ihtetl.	Estómago.
Itohmiyo.	Su pelo de mi perro.
Ichpochtsitsi.	Jovencitas.
Istatl.	Sal.
Istak.	Blanco.
Istatsi.	Salecita.
Istatsintle.	Sal de mesa ceremonial.
Ika.	Con.
Ikintiwits.	Apenas vienes.
Ikantsinko.	Con (honorífico).

NAHUATL	ESPAÑOL
¿Ikanin?	¿Con este?
Ikanon.	Con eso.
Iknotl.	Huérfano.
Ikekechpa.	En la nuca.
Ikonkik.	Por ahí.
Ikwakinon.	Cuando eso.
Ikwakwa.	Su cuerno.
Ikwakwawah.	Sus cuernos.
Ikwe.	Su falda.
Ikwekwe.	Su faldita.
Ikwewa.	Sus naguas.
Ikxitl.	Pie.
Ikxiwah.	Sus pies.
Incompañia.	Compañía.
Inpopocatepetl.	El popocatépetl.
Inxoktle.	La olla.
Inxoktih.	Las ollas.
In.	El.
In tlakwale.	La comida.
Inawaktsinko.	Junto a (honorífico).
Inesewiltsi.	Descansen ustedes.
Inikwakinon.	Cuando eso.
Inon.	Eso.
Inmo.lo'.	Su olote de ellos.
Ipa.	En él.
Ipan.	En o sobre.
Ipan22.	En el día 22.
Ipayo.	Su rebozo de ella.
Ipapayo.	Su rebocito de ella.
Ipayohtsi.	Su rebozo de ella (honorífico).
Ipapayohtsin.	Su rebocito (honorífico).
Ipasohtsi.	Su paso de él.

NAHUATL	ESPAÑOL
Isihkah.	Rápido.
Istetl.	Uña.
Iswatl.	Hoja de milpa.
Itlah.	Algo.
Itlahtoltsi.	Su palabra de él (honorífico).
Itlanekilitsi.	Su voluntad.
Itso.	Su cabello.
Itsonwah.	Sus cabellos.
Iwaxkayo.	Su enfermedad.
Ixyayotl.	Lágrima.
Ixkwahmol.	Ceja.
Ixkwaitl.	Frente.
Ixkwihkwítlatl.	Lagaña (excremento del ojo).
Ixtlahpach.	Boca abajo.
Ixtlawatl.	Llano.
Ichtle.	Fibra del maguey.

K.

NAHUATL	ESPAÑOL
Kachi.	Muy.
Kachimastlen.	Más que.
Kale'.	Casa.
Kakaltsi.	Casita.
Kakaltsitsi.	Casitas.
Kalaki.	Entra tú.
Kalkwitlapan.	Atrás de la casa.
Kaltih.	Casas.
Kalkwichtle.	Ollin.
Kamachaloltiskeh.	Le abriremos la boca.
Kamak'tle.	Boca.
Kampik.	Por dónde.
Kanah.	Alguna parte.
Kapotstik.	Negro.
Kaxtilitetl.	Huevo de gallina.
Kaxtiltih.	Gallos.
Kateh.	Están.
Katle.	Cúal.
Kaxtil.	Gallo.
Kaxtole.	Quince.
Kechkwahyotl.	Cuello.
Kechpa.	En la nuca.
Kechpantle.	Nuca.
Ketsah.	Parar.
Kehkelki.	Cosquilloso.
Kema.	Sí.
Kemania.	Alguna vez.
Keme.	Cómo.
Kemeh.	¿Como?
Kemenin.	Como este.
Kenwits.	¿Como viene?
Kenamo.	Como no.

NAHUATL	ESPAÑOL
Keni.	¿Cómo?
Keochokak.	Que lloró.
Keretots.	Pájaro carpintero.
Keskwayotl.	Pierna.
Keskwayomeh.	Piernas.
Kexkich.	¿Cuánto? (cuesta).
Koyomeh.	Coyotes.
Koyotl.	Coyote (mestizo).
Koyotla.	Coyotla (lugar de coyote).
Kwilotepec.	Cuilotepec (topónimo).
Kolasioh.	Colasión (dulces).
Kiawitl.	Lluvia.
Kiawis.	Lloverá.
Kichias.	La espera.
Kichiwa.	Lo hace.
Kichiwilia.	Le hacen.
Kitsohtsopinia.	Lo pica.
Kihtolo.	Dicen.
Kihtowa.	Dice
Kihtowah.	Dicen.
Kikaki.	Lo oye.
Kikalakis.	Lo meterá.
Kikowa.	Lo compra.
Kikwalita.	Le gusta.
Kikwas.	Lo comerá.
Kimaka.	Le da.
Kimanelohtok.	Lo manosea.
Kimati.	Lo sabe.
Kimichi.	Ratón.
Kimichpapatla.	Murciélago.
Kimichpapatlameh.	Murciélagos.
Kimihtalwia.	Lo dicen (honorífico).

NAHUATL	ESPAÑOL
Kimitakiweh.	Los vendrán a ver.
Kimonamikilia.	Le queda (honorífico).
Kimonekiltia.	Quiere él (honorífico).
Kimosiwia.	Le molesta.
Kimotemolis.	Lo buscará (honorífico).
Kimpiah.	Los tienen.
Kinekia.	Quería.
Kinekih.	Lo quieren.
Kineki.	Lo quiere.
Kinmilwiah.	Les dicen.
Kinotsah.	Lo llaman.
Kinxomolohtok.	Los tienen reunidos.
Kipatlas.	Lo cambiará.
Kipia.	Tiene.
Kisaskeh.	Saldrán.
Kita.	Ve (ver).
Kitemos.	Lo buscará.
Kitepachoa.	Lo golpea.
Kitlalia.	Se lo ponen.
Kitlawelnamiki.	Le causa mal.
Kixtiskeh.	Sacarlos.
Kinkixtitoh.	Fueron sacados.
Kochitih.	Irá a dormir.
Kochitiweh.	Irán a dormir.
Kotstamale'.	Pantorrilla.
Kohkitspali'.	Iguana.
Kokoa.	Duele.
Kokoa'.	Doler.
Kokolistle.	Enfermedad.
Kolomeh.	Alacranes.
Kolotl.	Alacrán.
Komitl.	Vasija.

NAHUATL	ESPAÑOL
Kokone.	Chicas.
Konetl.	Hijo (a).
Konewah.	Hijos.
Konkin.	Con qué.
Kokoyoktsitsi.	Hoyitos.
Koskameh.	Collares.
Kokotoktih.	Harapientos.
Kotoktik.	Roto.
Kox.	Si acaso.
Koyoktih.	Hoyos.
Koyoktle.	Hoyo.
Koyomeh.	Gente de ciudad.
Kwak.	Cuando.
Kwakinon.	Cuando eso.
Kwakonikalak.	Cuando entré.
Kwalmotitlania.	Lo manda él.
Kwakwaltsi.	Bonito.
Kwalanaltis.	Se enojará él.
Kwale.	Bueno (a).
Kwalmihtalwis.	Lo dirá él o ella desde allá.
Kwalmotlatlahtsitsino.	Pedirá favor (honorífico).
Kwalmochiwilihtsinos.	Lo hará.
Kwatlakonex.	Canoso.
Kumplirwih.	Cumplir
Kwekwe.	Loca (o).
Kwekwetsitsi.	Pañales.
Kwekwetsi.	Pañal.
Kwera.	Amante.
Kwikatl.	Canto.
Kwachitahtih.	Gorros.
Kwachitahtle.	Gorro de niño.
Kwahmayitl.	Rama de árbol.

NAHUATL	ESPAÑOL
Kwahyewatl.	Corteza.
Kwaitl.	Frente.
Kwamaxale.	Horcón.
Kwameh.	Árboles.
Kwatekixkitl.	Caspa.
Kweyitl.	Naguas (falda).
Kwilotl.	Vara.

L.

NAHUATL	ESPAÑOL
Lamatlahto.	Mujer hablante del wewetlahtoli.
Lecho.	Marrano.
Lelechontsitsi.	Marranitos.
Lelechontsi.	Marranito.
Listontih.	Listones.

M.

NAHUATL	ESPAÑOL
Maka.	Dar.
Mach.	Que si.
Machiticah.	Sepan ustedes.
Matstika.	Sabía.
Mahpile'.	Dedo de la mano.
Mahtiaya.	Se espantaban.
Mahtih.	Espantalo.
Mahtlaktle.	Diez.
Masameh.	Venados.
Mamasah.	Venados.
Mamasatsi.	Venadito.
Maitl.	Mano.
Makilihtsino.	Déle usted.
Mankixowa.	Que salgan.
Male'.	Madre.
Mamatsi.	Manita.
Mamatsitsi.	Manitas.
Mameh.	Manos.
Mamitsmotlapopowilihti.	Que le vaya limpiando.
Mamotlali.	Que se siente.
Man.	Que.
Manamech.	Ustedes.
Manamechmomakilihtsino	Les den a ustedes (honorífico).
Manikihto.	Digo.
Manikixti.	Lo saco (objeto).
Manikonana.	Lo voy a traer.
Manitemo.	Que yo baje.
Manki.	Plano.
Mankichiwah.	Que lo haga.
Mantechchankixtikah.	Que nos desalojen.
Mantiakah.	Que vayamos.
Mantinehnemika.	Que caminemos.

NAHUATL	ESPAÑOL
Mantipanotakah.	Nos vamos despidiendo.
Manya.	Que se vaya.
Mapach.	Mapache.
Mapachtih.	Mapaches.
Mapuraro.	Apúrate.
Manrezaro.	Que rece.
Masemanyo.	Que uno vaya.
Maski.	Aunque.
Matechmomakilihtsinos.	Nos dará a nosotros.
Mati.	Saber.
Mawisotsi.	Usted.
Metstikatki.	Está (honorífico).
Me'tstle.	Mes.
Metstle.	Luna.
Mehelwechkah.	Se ríen.
Mehtoli.	Piojo.
Mehtoltih.	Piojos.
Mextle.	Nube.
Mexayawitl.	Neblina.
Mekapale'.	Mecapal.
Mekapaltih.	Mecapales.
Melahki.	Derecho.
Melahktika.	Está derecho.
Melawak.	Cierto.
Metl.	Maguey.
Memeh.	Magueyes.
Memetsi.	Magueyito.
Memetsitsi.	Magueyitos.
Metlapilitl.	Mano de metate.
Metlameh.	Metates.
Mextla.	Nublado.
Mile'.	Milpa.

NAHUATL	ESPAÑOL
Michi.	Pescado.
Michtih.	Pescados.
Mimichtsitsih.	Pescaditos.
Michtlasoltih.	Charales.
Mitsnamiki.	Te queda.
Miek.	Mucho.
Mihtalwia.	Dice con respeto.
Mikatekotstle.	Fosa.
Miktia.	Mata.
Mitswika.	Te lleva.
Mitsmokokolwiaya.	Le dolía a usted.
Momochila.	Tu mochila.
Molik'.	Codo.
Moamawah.	Tus papeles.
Moaxititsino.	Llegó.
Moma'.	Tu mano.
Moaxitililihtsino.	Hacerlo llegar.
Mocha.	Tú casa.
Mochichikihtsi.	Su chiquihuite (honorífico).
Mochikihtsi.	Su chiquihuite de usted.
Mochiwa.	Se hace (algo).
Motso.	Tu cabello.
Motsonteko.	Tu cabeza.
Mogastaroa.	Se gasta.
Mokwalanaltis.	Se enojará.
Mokawas.	Se quedará.
Mokawaskeh.	Se quedarán.
Mokwakwalanalti.	Se enojó.
Mokwepas.	Regresará.
Mokwekwe.	Tu faldita.
Mokwalmocumplirwi.	Lo cumplió.
Mokwalmorecibirwihcino.	Ya lo recibió.

NAHUATL	ESPAÑOL
Molkaxitl.	Molcajete.
Moloni.	Le molesta a la enfermedad.
Molwili.	Dígale a él o ella.
Momama.	Tu mamá.
Momolestarohtsinos.	Se molestará (honorífico).
Monaktis.	Se calmará él.
Monemaka.	Se vende.
Monenepanoa.	Se encima uno a otro.
Mopa.	Sobre de ti.
Mopahtilia.	Se le cura.
Mopanimotlalis.	Me sentaré en ti.
Moropa.	Tu ropa.
Motehtelantsinoa.	Camina con dificultad.
Motehteltsinoa.	No pronuncia bien.
Motemowi.	Baje usted.
Motenewah.	Novios.
Motenewa.	Se nombra.
Motlakwitlawiskeh.	Cuidarán.
Motlalilia.	Se visten.
Motlalis.	Se sentará.
Motlaliske.	Se sentarán.
Motlapachoskeh.	Se cubrirán.
Motlatlahtitsinoa.	Se súplica.
Motokili.	Córralo usted.
Mokalotiah.	Se hospedan.
Mononotsayah.	Se hablaban.

N.

Nixtololo
Mi ojo

NAHUATL	ESPAÑOL
(i)Naño.	El año.
Npanos.	Pasará.
Nakastle.	Oreja.
Nakastih.	Orejas.
Nakasik.	Reclinado sobre la oreja.
Nakaskwikwitlatl.	Cerilla (excremento de oreja.)
Nokalkwitlapa.	Atrás de la casa.
Nakwalmoyeyantilihtsinoske.	Lo trasladarán.
Namech.	A ustedes.
Namechmotlakolilitsinoh.	Les regaló a ustedes.
Namik.	Pareja.
Namikilia.	Le queda.
Namo.	Su de ustedes.
Namomawitsotsi.	Ustedes (honorífico).
Namonemilis.	Su vida de ustedes.
Namopan.	Sobre ustedes.
Namovida.	Su vida de ustedes.
Nantsitsiwah.	Madrecitas (honorífico).
Nankinwalmodispensarwihtsinokah.	Los dispensen ustedes a ellos.
Nankinwalmodispensarwihtsinoskeh.	Los dispensarán ustedes a ellos.
Nankikwalitah.	Les gusta.
Nankineltokah.	Creen ustedes.
Nankinwalmopilihtsinoa.	Los tienen ustedes presentes.
Nankwalmopilitsinoah.	Lo tiene presente.
Nankwalmoyeyantilihtsinoskeh.	Lo trasladarán ustedes.
Nanyaskeh.	Irán ustedes.
Napalos.	Tomar en brazos.
Natlakwiti.	Voy a traer agua.
Nawi.	Cuatro.
Nech.	Me.
Nehua.	Yo.
Nechamaka.	Dame.

NAHUATL	ESPAÑOL
Nechiwaltia.	Me hace.
Nechilia.	Me dice.
Nechilis.	Me dirá.
Nechkokos.	Me dolerá.
Nechpewah.	Me presionan.
Nechwalpixti.	Me ha tenido.
Nehamaka.	Yo a ninguno.
Nehwa.	Yo.
Neka.	Aquel.
Nekateh.	Aquellos.
Ne'kwatl.	Agua miel.
Nelado.	Allá del otro lado.
Nele'.	Qué.
Nelenatlakwiti.	Es que voy a traer agua.
Nelwatl.	Raíz.
Nemetstika.	Allí está.
Nenelwahtsitsi.	Raicitas.
Nenepile'.	Lengua.
Nenepiltih.	Lenguas.
Nesi.	Parece.
Neyik.	Por allí.
Neyimika.	Allí va.
Neyowalkis.	De allí ya salió.
Nin.	Éste.
Nia.	Voy.
Niahti.	Voy yendo.
Niahtinemis.	Andaré por todas partes.
Nias.	Iré.
Nitsompilmakili.	Le contagiaré mi catarro.
Nihte'.	Mi estómago.
Niktolos.	Yo lo tragaré.
Nikkwaltis.	Le daré de comer.

NAHUATL	ESPAÑOL
Nika.	Aquí.
Nikana.	Tomo (algo).
Nikanka.	Aquí está.
Nikanati.	Voy a traer algo.
Nikchiwiwili.	Le hice muchas veces.
Nikihtowa.	Lo digo.
Nikilnamiktia.	Le recuerdo.
Nikilwi.	Le dije.
Nikilwis.	Le diré.
Nikixtis.	Lo sacaré.
Nikititi.	Le enseñé.
Nikmachili.	Lo sentí.
Nikmachilia.	Lo siento.
Nikmachilis.	Lo sentiré.
Nikontlachaltis.	La encaminaré.
Nikpia.	Yo tengo.
Nikteka.	Me sirvo.
Niktlalis.	Lo pondré.
Niktolowa.	Lo trago.
Nikwe.	Su falda.
Nikwepas.	Lo regresaré.
Nikwehkwehkwe.	Soy alocada.
Nikxiwa.	Sus pies.
Nilolohka.	Soy loca.
Nimahkamiki.	Me apresuro.
Nimani.	A esta hora.
Nimayana.	Tengo hambre.
Niapismiki.	Me estoy muriendo de hambre.
Nimitsilwia.	Te digo.
Nimitspahtiliskiani.	Yo te lo hubiera curado.
Nimitspatilis.	Yo te lo cambiaré.
Nimitstlachaltitih.	Iré a encaminarte.

NAHUATL	ESPAÑOL
Nincha.	Sus casas de ellos.
Ninke.	Estos.
Ninon.	Eso.
Nia'.	Voy a.
Nitlachialis.	Su vista.
Nitlahtlasentlalis.	Recolectaré.
Nitlakwa.	Yo como.
Nitlatlakaki.	Estoy escuchando.
Nikwatsa.	Lo seco.
Niwalkisa.	Me gusta.
Nikwalita.	Salgo de allá.
Niwalahtih.	Vengo hacia.
Niwits.	Vengo.
Nixtololo.	Mi ojo.
Nixtotolowah.	Mis ojos.
Noste'.	Mi uña.
Noah.	Mi agua.
Noahkolwah.	Mis hombros
Nobabero.	Mi babero.
Notsekawaswah.	Mis peines.
Nocha.	Mi casa.
Nokompadre.	Mi compadre.
Nohpalitl.	Nopal.
Nohpaltih.	Nopales.
Noihte'.	Mi estómago.
Nokal.	Mi casa.
Nokalnelo.	Mi borrego.
Nokalwah.	Mis casas.
Nokamak.	Mi boca.
Nokxi.	Mi pie.
Nokchiwah.	Mis pies.
Nokechkwahyo.	Mi cuello.

NAHUATL	ESPAÑOL
Nokechpa.	Mi nuca.
Nokni.	Mi hermana(o).
Nokokonewah.	Mis hijitos.
Nokoneh.	Mi hijo.
Nokonewah.	Mis hijos.
Nokwe.	Mi enagua (mi falda).
Nokwawah.	Mis árboles.
Nolelecho.	Mi marranito.
Noma'.	Mi mano.
Nomamahpilwah.	Mis deditos.
Nometl.	Mi metate.
Nometlawah.	Mis metates.
Nomolik'wa.	Mis codos.
Nonmopitsoyo.	Tu porquería.
Non.	Eso (esa).
Nonantsitsiwah.	Mis madrecitas.
Nonantsitsiwah.	Comadritas.
Nonlecho.	Ese marrano.
Nonopaltsi.	Nopalito.
Nonopaltsitsi.	Nopalitos.
Nonora.	Esa hora.
Nonorahpa.	A esa hora.
Nonotsa.	Platícale.
No'omite.	Mi hueso.
Nopulke.	Mi pulque.
Nopayo.	Mi rebozo.
Nopalyohyowal.	Mi pañuelo.
Nopayohyohwah.	Mis pañuelos.
Nopetlawah.	Mis petates.
Nopetl.	Mi petate.
Nopilwah.	Mis hijos.
Nopilwantih.	Mis hijos (honorífico).

NAHUATL	ESPAÑOL
Nopipilolwah.	Mis aretes.
Nora.	La hora.
Nosaco.	Mi blusa.
Noso.	O.
Nostewah.	Mis uñas.
Notahtsitsiwah.	Mis padrecitos (honorífico).
Notahtsitsiwah.	Compadritos.
Notekakwa.	Mis huaraches.
Notelma.	Mi cobija.
Notelmahwah.	Mis cobijas.
Nontlahtoa.	Mi habla.
Notlaxcal.	Mi tortilla.
Notsekawas.	Mi peine.
Nimotsekawaswia.	Me peino.
Notskwi.	Mi perro.
Notsonteko.	Mi cabeza.
Nowihki.	También.
Noxoxopilwah.	Mis deditos de los pies.
Noyeso.	Mi sangre.
Noyekahcol.	Mi nariz.

NAHUATL	ESPAÑOL
Ñon.	Ni.
Ñon ninon.	Ni eso.
Ñon.	Eso.

o.

Olotl
Olote

NAHUATL	ESPAÑOL
Oasik.	Llegó.
Ochantia.	Vivía.
Ochika'.	También.
Otechsakakeh.	Nos acarreraron.
Ohololoti.	Voy a recolectar.
Ohti'.	Caminos.
Ohtle.	Camino.
Okachi.	Más.
Okalakia.	Entraba.
Okatka.	Estaba.
Okichihke.	Hicieron.
Okichtekeh.	Robaron.
Okikak.	Oyó.
Okikixowak.	Salieron ellos.
Okimikili.	Lo llevó él o ella.
Okimololo.	Lo reunió.
Okimotehtekili.	La cortó.
Okinmahti.	Los espanto.
Okinekia'.	Quería.
Okinemakatoh.	Lo fueron a vender.
Okinkahtehkeh.	Los dejaron.
Okintlakolihke.	Se los regalaron.
Okinwalnotsayah.	Los llamaban de lejos.
Okipiayah.	Tenían ellos.
Okiseli.	Lo acepto él.
Okitelwi.	Acusó.
Okitlakamat.	Lo obedeció.
Okitlaliaya.	Se vestía.
Okitlapatili.	Le cambio de ropa.
Okitlawelnamik.	Le cayó mal.
Okoch.	Durmió.
Okotl.	Ocote.

NAHUATL	ESPAÑOL
Okse'.	Otro.
Oksepa.	Otra vez.
Okwalmakilitsino.	Le dio a él o a ella.
Okwalmonenkawilihtsino.	No lo hizo.
Okwili.	Gusano.
Okwiltih.	Gusanos.
Olomeh.	Olotes.
Olotl.	Olote.
Ome'kwalka.	Se levantó temprano.
Ome.	Dos.
Omotekato.	Se fue a acostar.
Omokahtsinohkeh.	Se quedaron.
Omokalotihtsinoto.	Se fueron a refugiar.
Omokalotihke.	Se hospedaron.
Omokalotito.	Se fue a refugiar él o ella.
Omomeh.	Dos personas.
Omonakti.	Se calmó.
Omonekia.	Se necesitaba.
Omoxelo.	Se apartó.
Omote'.	Se bañó.
Omotemiti.	Se llenó.
Omotlakatili.	Nació el.
Omotlanemakilitoh.	Se fueron a vender.
Omotlanemakilito.	Se fue a vender.
Omotlapololtihkeh.	Se equivocaron.
Ompa.	Allá.
Ompaka.	Allá está.
Onamechmotlakolih.	Les regaló a ustedes.
Onia'.	Me fuí.
Oxmikani.	Hubiera usted ido.
Onech.	Me lo.
Onechmakak.	Me lo dío.

NAHUATL	ESPAÑOL
Onechchiwalti.	Me lo hizo.
Onechkicki.	Me agarró.
Onechmakak.	Me dio.
Onechpanok.	Me pasó.
Onechplancharohkeh.	Me plancharon.
Onechsemilwiti.	Me molestó todo el día.
Onechtlalilihke.	Me lo pusieron.
Ones.	Se vió o apareció.
Onia.	Fuí.
Onik machili.	Lo sentí.
Onikmakak.	Yo le dí a él.
Onikintlami.	Los acabé.
Onikintolo.	Los tragué.
Onikis.	Salí.
Onikitak.	Lo vi.
Onikmachiotiaya.	Anotaba.
Oniknek.	Quise.
Oniko.	Lo compré.
Onikonik.	Lo bebí.
Onikoniya.	Lo bebía.
Oniko'sa'.	Nada más lo compré.
Oniktlachiliaya.	Lo miraba frecuentemente.
Oniktlali.	Lo puse.
Oniktlalili.	Le apliqué.
Onimalti.	Me lave el cabello.
Onimitsin.	Yo te.
Onimitsinmakak.	Yo te los dí.
Onimokah.	Me quedé.
Oniasik.	Llegué.
Onisemilwiti.	Sufrí.
Onitlakwa.	Comí.
Onitlanexili.	Amanecí.

NAHUATL	ESPAÑOL
Oniwala.	Vine.
Oniya.	Fuí.
Onka.	Ahí.
Okatka.	Estaban.
Onipanok.	Pasé.
Onwalmowelitilitsinohkeh.	Ellos pudieron hacerlo (honorífico).
Opa.	Dos veces.
Opanok.	Pasó (sucedió).
Opanotikatka.	Estaba pasando.
Opanoya.	Pasaba.
Ope'.	Comenzó.
Opehkeh.	Comenzaron.
Opochmaitl.	Mano izquierda.
Opolihke.	Se perdieron.
Orah.	Hora.
Orezarohkeh.	Rezaron.
Oseguirowaya.	Seguía.
Osewiskiani.	Se hubiera aliviado.
Ostomeh.	Zorras.
Ostotl.	Zorra.
Oxwalani.	Hubieras venido.
Otechtlaxtlawi.	Nos pagó.
Otechwalmotlakolilihtsino.	Nos regaló a nosotros.
Otepeh.	Cayó.
Onia.	Fuí.
Otiahke.	Fuimos.
Onanyahkeh.	Fueron ustedes.
Otiahtiwitskeh.	Fuimos rápido.
Otikitak.	Viste.
Otikitayah.	Lo veíamos.
Otikmotehtekili.	Lo cortó usted.
Otikmoxikalwi.	Aguantó usted.

NAHUATL	ESPAÑOL
Otikpiayah.	Teníamos.
Otiktlaxtlahkeh.	Pagamos.
Otikwalmokawilitsinoah.	Lo venimos a dejar.
Otilanexilihke.	Amanecimos.
Otimoxexelohkeh.	Nos repartimos.
Otinechintlalili.	Me lo pusiste a mí.
Otinechmakak.	Me diste a mí.
Otinechtlalili.	Me lo pusiste.
Otinechmolwili.	Usted me lo dijo.
Otiwalahke.	Venimos.
Otiwalkontentarwihtsinoah.	Contentamos a ustedes.
Otlanawati.	Ordenó.
Otechkixtiskeh.	Que nos desalojen.
Otonwalpanoke.	Venimos de allá.
Onanwalahke.	Vinieron ustedes.
Owalahkeh.	Vinieron ellos.
Owalmochihtsinoh.	Ya se hizo.
Owalmokixti.	Salió.
Owalmonenkahtsinoh.	Estuvo.
Owalmowelitilitsinohkeh.	Pudieron.
Owalmowelitilihke.	Pudieron ellos.
Owaltemoya.	Bajaba de allá.
Owia.	Fue.
Oyahkentiopa.	Fueron a la iglesia.
Oyahtikatkah.	Ya se iba.
Oyaya.	Iba.
Oyeskiani.	Hubieras sido.
¿Oyexpa?.	¿O tres veces?
Oyomotlapatilihtewak.	Se ha cambiado de ropa.

P.

NAHUATL	ESPAÑOL
Pachtle.	Heno.
Pahtle.	Medicina.
Pahyis.	Tomará medicamento.
Pale'.	Papá.
Palewia.	Ayuda.
Panok.	Pasó.
Panoltitoh.	Pasó allá.
Papalotl.	Mariposa.
Papalomeh.	Mariposas.
Papastiyahtsi.	Pastilla.
Papaliotl.	Chismear.
Parah.	Para.
Parainok	Para.
Patili.	Cámbiale.
Patiliskiani.	Le hubiera cambiado el medicamento.
Patioh.	Caro.
Payo.	Paño.
Payoyohwale.	Pañuelo.
Petlameh.	Petates.
Pintik.	Punteagudo.
Pitsotl.	Cerdo.
Pitstik.	Angosto.
Pitsawak.	Delgado.
Pipilole.	Arete.
Pilwah.	Hijos.
Pinawah.	Se avergüenza.
Pinole'.	Pinole.
Pitsawak.	Delgado.
Pipitsawak.	Delgadito.
Pipiltotoh.	Jóvenes.
Pipipiltoh.	Jovencito.
Pipixi.	Niño chiquito.

NAHUATL	**ESPAÑOL**
Pipixina.	Niña chiquita.
Pipitsotsi.	Marranito.
Pitsolt.	Cerdo (puerco).
Poktle.	Humo.
Popoka.	Humea.

S.

NAHUATL	ESPAÑOL
San.	Nada más.
Sakatl.	Zacate.
Samochixtikateh.	Nada más están esperando.
Sanikonkakis.	Nada más lo sabré.
Saniman.	Luego.
Sanseka.	En compañía
Saso.	Cualquier (a).
Sayeh.	Nada más.
Sawantsintle.	Viruela.
Sowatsintle.	Señora (honorífico).
Sawatl.	Grano.
Setsi.	Uno (personalizado).
Se metstle.	Un mes (numeral).
Sekigastarohtika.	Estoy gastando.
Sekih.	Algún.
Sekintsitsi.	Algunas personas (honorífico).
Semanyo.	Ve tú.
Semankisa.	Que yo salga.
Semomachotis.	Anotarse.
Sempoale.	Veinte.
Senkale.	Troje.
Senotlanonotsal.	Una plática mía.
Sentetl.	Único.
Sentlali.	Reúne.
Sentlaliti.	Ir a juntar.
Sepamaniantsinko.	Conjuntamente (honorífico).
Serviroa.	Sirve.
Sewi.	Se alivia.
Sexihti.	Hace un año.
Seyiwits.	Uno ya viene.
Seyokitsakwatoh.	Refugiado.

NAHUATL	ESPAÑOL
Sitlali[5].	Estrella.
Sowatl.	Mujer.
Sowakaxtil.	Gallina.
Sowakaxtiltih.	Gallinas.
Sowatotoli.	Totola.
Sokitik.	Lodoso.
Sokitl.	Lodo.

---

[5] Sitlali "estrella", la transcribimos con la notación fonética [s] en este vocabulario. Citlali es la forma castellanizada que se usa como nombre propio.

T.

NAHUATL	ESPAÑOL
Tahtsitsiwah.	Padres.
Tatapahtih.	Trapos.
Tatapahtle.	Trapo (tela).
Te.	Tú.
Tetsawak.	Espeso.
Techalomeh.	Ardillas.
Techalotl.	Ardilla.
Techasiko.	Nos alcanzó una persona.
Techaxili.	Nos rindió.
Techkwalmakawilihtsinoa.	Nos deja (dios).
Techmoobligarwihtsinos.	Nos obligará a nosotros.
Techmotlakolihtsinoh.	Nos regaló a nosotros.
Techmotlakolilitsinoah.	Nos regala a nostros.
Techwalmodispensarwihtsinoskeh.	Nos dispensarán ustedes.
Techmanitia.	Nos hace sufrir.
Tetsokwitlayo'.	Sucia.
Tetsopi.	Molcajete.
Texolotl.	Mano del molcajete.
Tehteli.	Ya se apretó.
Tehwati.	Nosotros.
Tehwantimotlatlahtia.	Pedimos a ustedes.
Tehwatsin.	Usted.
Tekaktih.	Huaraches.
Tekaltle.	Huarache.
Tekamokaya.	Mentiroso.
Tekamokayahkeh.	Engañadores.
Tekapanis.	Caerá.
Tekatsanili.	Telaraña.
Tekiti.	Trabaja (él o ella).
Tekititiweh.	Van a trabajar.
Tekochtle.	Fosa.
Tekole'.	Carbón.

NAHUATL	ESPAÑOL
Tekolomeh.	Tecolotes.
Tekolotl.	Tecolote.
Tekpi.	Pulga.
Tekpintih.	Pulgas.
Teltikwikas.	Pues lo llevas.
Telawak.	Grueso (a).
Telmahtle.	Cobija.
Telmaski.	Aunque así.
Temale'.	Pus.
Temasoli.	Sapo.
Temasotih.	Sapos.
Temok.	Bajo.
Temotewas.	Bajará.
Temos.	Bajará.
Tenpile'.	Pico de pájaro.
Tenxipale.	Labio.
Tenyo.	Filoso.
Tepahti.	Curandero.
Tepamitl.	Pared.
Tepantih.	Paredes.
Tepasole.	Nido.
Tepemeh.	Cerros.
Tepetl.	Cerro (volcán).
Tepetla.	Campo.
Tepewato.	Fue arrojar.
Tepitstik'.	Duro.
Telpopochtih.	Jóvenes.
Tesowah.	Esposa de él.
Tetahtsi.	Anciano respetable.
Tetekaktsitsi.	Huarachitos.
Tetekoloh.	Tecolotes.
Tetekpintsi.	Pulguita.

NAHUATL	ESPAÑOL
Tetemitl.	Molleja.
Tetepewi.	Caer las frutas.
Tetetahtsitsi.	Ancianitos.
Tetlahchiwi.	Brujo.
Tetlakolti.	Desgracia.
Te'xtle.	Masa.
Tipobre.	Pobre de ti.
Tiwits.	Vienes.
Tiyaskeh.	Iremos.
Tiyawe.	Vamos.
Tihte' [toihte'].	Nuestro estómago.
Tikanati.	Lo vas a traer.
Tikechsawak.	Estas ronca.
Tikilkawa.	Olvidas.
Tikmachiliah.	Lo sientes.
Tikmanamikih.	Lo encontramos a la mano.
Tikimpilia.	Tenemos esto para ellos.
Tikmotilis.	Verá usted.
Tikmotlasohkamatilia.	Agradece usted.
Tikontlahtlani.	Nosotros pedimos.
Tikwalana.	Lo tomamos.
Tikwalasihkamatih.	Sabemos lo que dicen.
Tikwalmocontentarwihtsinoah.	Los contentamos.
Timika.	Va usted.
Timiyekeh.	Somos muchos.
Timochihchihwah.	Nos preparamos.
Timoremediaroa.	Nos remediamos.
Timotlahtlatia.	Rogamos a ustedes.
Tinechnemakiltis.	Me lo venderás.
Tinemih.	Vivimos.
Tikichtekis.	Lo robarás.
Tiokwalistle.	Desmayo por hambre.

NAHUATL	ESPAÑOL
Tiopa.	Iglesia.
Tiopatsintle.	Iglesia (con respeto).
Tiopantsinko.	Iglesia (con respeto).
Tiopantsintle.	Iglesia (templo respetable).
Tiopixkatsi.	Sacerdote (padre o cura).
Tiotlak.	En la tarde.
Tiotlakampa.	Por la tarde.
Tiotlakiswik.	Por la noche.
Tipakih.	Somos felices.
Tiwala.	Viniste.
Tiwits.	Vienes.
Tohtle.	Gavilán.
To'ohwi.	Nuestro camino.
Tochtle.	Conejo.
Tetsopimeh.	Molcajetes.
Tohmitl.	Pelo de gato.
Toidentidad.	Nuestra identidad.
Tokmaitl.	Hoja de maíz.
Tokniwah.	Mis hermanos.
Tomi'.	Dinero.
Tonaltsintle.	Sol.
Tonale.	Día.
Tonalpa.	Día soleado.
Tonameyotl.	Atardecer.
Tonatiuh.	Sol (dios).
Tontohyo.	Tontería.
Toparte.	De nuestra parte[6].

---

[6] Toparte es un híbrido que está conformado por el posesivo Ira. ppl y el préstamo "parte", del español.

NAHUATL	ESPAÑOL
Tohtopi.	Lagartija[7].
Topresidente.	Nuestro presidente[8].
Totahtsitsiwah.	Nuestros padrecitos.
Toteki.	Nuestro trabajo.
Totemakixtihkatsi.	Nuestro salvador.
Totlaxkal.	Nuestra tortilla.
Totochtsi.	Conejito.
Totochtsitsi.	Conejitos.
Totochtin.	Conejos.
Totol.i.	Guajolote.
Totoltetl.	Huevo de guajolota.
Totomochtle.	Hoja de elote (de mazorca).
Totonki.	Caliente (fiebre).
Totonki.	Caliente (agua).
Trenzarowa.	Trenzar.

[7] Tohtopi es lagartija en la variante de Yancuitlpan y en otras variedades dialectales es cuetzpalin.

[8] Topresidente es un híbrido que está conformado por el posesivo Ira. ppl y el préstamo "presidente", del español.

Tl.

Tlaxcale
Tortilla

NAHUATL	ESPAÑOL
Tlasole'.	Basura.
Tlakatl.	Hombre.
Tlakwale.	Comida.
Tlachialis.	Mirada.
Tlachilia.	Lo mira.
Tlachpana.	Barre.
Tlachpawastle.	Escoba.
Tlachpawastih.	Escobas.
Tlachpawaskotoktle.	Escoba rota.
Tlatska.	Cedro.
Tlackantih.	Cedros.
Tlatsotsolkiawi.	Llovizna.
Tlahkanawak.	Madrugada.
Tlahko.	Mitad (en medio).
Tlahkokwitlapa.	Espalda.
Tlahkopitsak.	Delgado.
Tlahkotia.	Cintura.
Tlahtoah.	Hablan.
Tlaihikon.	Sí es qué.
Tlakatsitsinti.	Hombres respetables.
Tlakameh.	Hombres.
Tlakpakonetl.	Entenado.
Tlake'.	Ropa.
Tlakolihke.	Le regalaron.
Tlakonextle.	Ceniza.
Tlakotlmakato.	Triste.
Tlakpapale'.	Padrastro.
Tlakpamale'.	Madrastra.
Tlankwalistle.	Dolor de diente o muela.
Tlakwameh.	Tlacuaches.
Tlakwatl.	Tlacuache.
Tlale.	Tierra.

NAHUATL	ESPAÑOL
Tlalilihke.	Pusieron.
Tlalpan.	Tierra.
Tlemach.	Que fuera ya.
Tlameme.	Burro.
Tlamo.	Si no.
Tlanawati.	Autoridad.
Tlanenewil.	Decisión.
Tlanextle'.	Luz.
Tlankeketol.	Encía.
Tlankochtle.	Diente.
Tlankochtih.	Dientes.
Tlankwaitl.	Rodilla.
Tlankwameh.	Rodillas.
Tlanonotsale.	Plática.
Tlapachole.	Techo.
Tlapetlanale'.	Relámpago.
Tlapixkiawitl.	Llovizna.
Tlakpakonetl.	Entenado.
Tlasakah.	Acarrear.
Tlatechmomakilihtsinos.	Si nos dará (honorífico).
Tlatekwinale'.	Trueno.
Tlatitemahti.	Eres espantoso.
Tlahtoske.	Hablar.
Tlatlackantsitsi.	Cedritos.
Tlatlahko.	Por mitades.
Tlatlakatsitsi.	Hombrecitos.
Tlatlakwaltsi.	Comidita.
Tlatlakwale.	Comida.
Tlatlanawahtihkeh.	Autoridades.
Tlatlasoltsi.	Basurita.
Tlatlatilkwawitl.	Leña.
Tlatlaxkaltsi.	Tortillita.

NAHUATL	ESPAÑOL
Tlatlayoltsi.	Maicito.
Tlawel.	Demasiado.
Tlawewelokas.	Se derrumbará.
Tlawikal.	Marido.
Tlawile.	Luz.
Tlaxcale.	Tortilla
Tlayehwa.	Si eso es.
Tlayewaloki.	Venir a dar la vuelta.
Tlayeyewaloa.	Se da de vueltas.
Tlayolxonelwatl.	Tamo.
Tlayowa.	Se hace tarde.
Tlen.	Que.
Tle'tl.	Fuego.
Tleka.	¿Por qué?
Tlen.	¿Qué?
Tlenikasis.	Lo que encuentre.
Tleno.	¿Qué es?
Tlenono.	¿Qué es eso?

TS.

NAHUATL	ESPAÑOL
Tsaktok.	Cerrado.
Tsahtsia.	Gritaba.
Tsekawastle.	Peine.
Tsinkwihkwitlatl.	Excremento humano.
Tsontekomatl.	Cabeza.
Tsitsikah.	Hormigas.
Tsitsikatsitsi.	Hormiguitas.
Tsikatl chichiltik.	Hormiga roja (arriera).
Tsikatl kapoctik.	Hormiga negra.
Tsintamaltih.	Nalgas (glúteos).
Tsinkwikwitlatl.	Excremento.
Tsotsokoto.	Chico.
Tsotsomahtle.	Ropa.
Tsohpilotl.	Zopilote.
Tsomonis.	Explotará.
Tsompilakatl.	Caracol.
Tsompilakameh.	Caracoles.
Tsonteko.	Cabeza.
Tsontekomameh.	Cabeza de animales.
Tsontle.	Cabello.
Tsonweyak.	Cabello largo.
Tsopelik.	Dulce.
Tsowatotoli.	Totola.

W.

NAHUATL	ESPAÑOL
Walahtikis.	Vendrá.
Walas.	Vendrá.
Walkisas.	Saldrá de allá.
Walmikatsinoka.	Vengan ustedes.
Walmochihtsos.	Se hará (honorífico).
Walmotenehti.	Se ha hablado de ello.
Waloh.	Vengas.
Waltokak.	Corrí.
Wan.	Y.
Wanamo.	Y no.
Wanin.	Y esto.
Wehkapa.	Alto (a).
Wetskistle.	Risa.
Wetskah.	Se ríen.
Wehkawaltis.	Tardará.
Wehwetstoke.	Tirados.
Wehweyikimichtih.	Ratas.
Wel.	Muy.
Wele.	Duele.
Weles.	Posible.
Welitilitsinoskiaya.	Pudieran ustedes.
Wewexayakameh.	Máscaras.
Wewexayakatl.	Máscara.
Wewexoltsi.	Guajolotito.
Wewexoloh.	Guajolotes.
Wexolotl.	Guajolote.
Weyi.	Grande.
Weyikimichi.	Rata.
Witse.	Viene.
Witseh.	Vienen.

X.

NAHUATL	ESPAÑOL
Xalo.	Jarro.
Xale.	Arena.
Xalitsintla.	Xalitzintla (topónimo).
Xalikewak.	Elevación o arena levantada.
Xalohtih.	Jarros.
Xamaxkwitlatl.	Lama de agua (excremento).
Xamo.	Si no.
Xaxalohtsitsi.	Jarritos.
Xaxaxokotsi.	Guayabito.
Xaxokomeh.	Guayabas.
Xaxokotl.	Guayaba.
Xayak'.	Cara.
Xelwastle.	Escobeta.
Xinola.	Coyota.
Xiwitl.	Año.
Xia.	Vete.
Xiakah.	Vayan ustedes.
Xidispensarwihtsino.	Dispénselo usted.
Xiekah.	Estén ustedes.
Xikinmokixtilikah.	Sáquenlos.
Xikinwalmodispensarwihtsinoka.	Dispénselos ustedes (a ellos).
Ximolotsontle.	Cabello de elote.
Ximonextikah.	Déjense ustedes ver.
Xiktle.	Ombligo.
Xinola.	Catrina.
Xiwitl.	Hoja o hierba.
Xiyotl.	Sarna.
Xkichi.	Este tanto.
Xkinwalmodispensarwihtsinoka.	Dispénselos ustedes.
Xkita.	Mira tú.
Xkoni.	Toma (bebe).
Xkwika.	Llévalo.

NAHUATL	ESPAÑOL
Xmikili.	Llévelo usted.
Xmokawil.	Dejelo usted.
Xmotetelanilili.	Dele masaje.
Xopetlahki.	Descalzo.
Xmotlakenti.	Vístete.
Xochtepankaltsin.	Casa florida.
Xoktle.	Olla.
Xopile'.	Dedo del pie.
Xoxokok.	Agrios.
Xtlenon.	¿Ahora que es eso?
Xoktih.	Ollas.

Y.

NAHUATL	ESPAÑOL
Yankwik.	Nuevo.
Yankwitlalpan.	En la tierra nueva (topónimo).
Yeya'.	Ya se vá.
Yopanok.	Ya pasó.
Yas.	Irá.
Yaskeh.	Irán.
Yaweh.	Van.
Yawi.	Va.
Ye.	Ya.
Ye'le.	Hígado.
Yeyelotsi.	Olotito.
Yehwa.	Eso.
Yehwan.	Ellos.
Yehwatsi.	Él (con respeto).
Yehwanon.	Eso es.
Yestle.	Sangre.
Yetl.	Frijol.
Yekah.	Ya.
Yekahtsole.	Nariz.
Yekakwitlat.	Moco.
Yekankomaitl.	Mano derecha.
Yektenalkisa.	Pronunciar bien.
Yepatsitsi.	Zorrillitos.
Yepameh.	Zorrillos.
Yepatl.	Zorrillo.
Yewatok.	Sentado.
Yewaltik.	Redondo.
Yewameh.	Pieles.
Yewatika.	Sentado.
Yewatl.	Piel.
Yeyetsitsi.	Frijolitos.
Yeyetsi.	Frijolitos.

NAHUATL	ESPAÑOL
Yeyi.	Tres.
Yeyitonalpan.	Tres días.
Yi.	Ya.
Yichikwasen tonale.	Hace ya seis días.
Yikeme.	Ya como.
Yikikitskis.	Ya lo agarrará.
Yimahkamikih.	Ya se asustaron.
Yimika.	Ya se va.
Yimomachilia.	Ya se siente.
Yinimani.	Ya es esta hora.
Yipinawah.	Ya se vergüenzan.
Yitikwaleka.	Ya los trae.
Yiyalwa.	Ayer.
Yiyewa.	Hace rato.
Yoniwala.	Ya vine.
Yotsinkis.	Ya disminuyó.
Yohyolkatok.	Débil (una persona).
Yokaxa.	Ya se aflojó.
Yikisaki.	Ya vendrá a salir.
Yokitelwikhke.	Ya lo informaron.
Yokonchi.	Ya lo hizo.
Yokwalmokumplirwihtsinohkeh.	Ya cumplieron (honorífico).
Yokwikake.	Ya se lo llevaron.
Yolotsin.	Corazón (honorífico).
Yolohtle.	Corazón.
Yomitsmaxiliaya.	Ya lo alcanzaban a usted.
Yomikak.	Ya se fue.
Yomikakeh.	Ya se fueron ellos.
Yomokalotitoh.	Ya se fueron a refugiar.
Yomokixtihke.	Ya salieron ellos (honorífico).
Yomomahti.	Ya se espantó.
Yomopaltili.	Ya se mojó.

NAHUATL	ESPAÑOL
Yomorezarwiayah.	Ya rezaban ellos.
Yomotemowi.	Ya bajó.
Yomotlapatili.	Ya se cambió.
Yomotlapo.	Ya se abrió.
Yomoyekhkitski.	Ya se agarró bien.
Yonamikakeh.	Ya se fueron (ustedes).
Yonechilwi.	Ya me dijo.
Yonechmaniti.	Ya me molestó.
Yonia.	Ya me fuí.
Yonik machili.	Ya lo sentí.
Yonik.	Ya lo.
Yonimotlali.	Ya me senté.
Yopala.	Ya se pudrió.
Yopeh.	Ya comenzó.
Yopitsotlakwatoh.	Ya se fueron a comer como puercos.
Yotepeh.	Ya se cayó.
Yitepewi.	Ya cae.
Yotikmopatilihkeh.	Ya intercambiamos para nosostros.
Yotla.	Ya se acabó.
Yotlanawatihtinenka.	Ya andaba avisando.
Yotlapohpo.	Ya limpió.
Yowak.	En la noche.
Yowale.	Noche.
Yowalmokalakihke.	Ya se regresaron a sus casas.
Yoya.	Ya se fue.
Yoyolotsin.	Corazoncito.
Yuhyulki.	Débil.
Yolkatl.	Animal.
Yunto.	Grasa (de puerco).

Español – Náhuatl

A.

ESPAÑOL	NAHUATL
Adentro.	Ihtek.
A esa hora.	Nonora.
A esa hora.	Nonorahpa.
A esta hora.	Yinimani.
A esta hora.	Nimani.
Ahora sí.	Axkan kema.
Fueron a la iglesia.	Oyahketiopan.
¿Con qué?	Konkin.
A ustedes.	Namech.
Acarrear.	Tlasakah.
Acostado.	Ahkek.
Acostarme de lado.	Nakasik.
Agarrará.	Yikikitskis.
Agrios.	Xoxokok.
Agua miel.	Ne'kwatl.
Agua.	Atl.
Aguado (el atole).	Atik.
Aguantó usted.	Otikmoxikalwi.
Agüita.	Atsin.
Agujero.	Mikatekotstle.
Ala.	Eskatlapale.
Alacrán.	Kolotl.
Alacranes.	Kolomeh.
Albergado.	Seyokitsakwatoh.
Algo.	Itlah.
Alguien.	Akah.
Alguna vez.	Kemania.
Algunas respetables personas.	Sekintsitsi.
Algunos.	Sekih.
Allá está.	Ompaka.
Allá.	Ompa.
Allí está.	Nemetstika.

ESPAÑOL	NAHUATL
Allí están.	Nemetsitikateh.
Allí ya va.	Neyimika.
Alto.	Wehkapa.
Amanecí.	Onitlanexili.
Amanecimos.	Otilanexilihke.
Amante.	Kwera.
Ancianito.	Tetetahtsi.
Ancianitos.	Tetetahtsitsi.
Anciano respetable (viejito).	Tetahtsi.
Ya andaba avisando.	Yotlanawatihtinenka.
Angosto (a).	Pitstik.
Animal.	Yolkatl.
Anotaba.	Onikmachiotiaya.
Año (hoja de la planta).	Xiwitl.
Año.	Xiwitl.
Apenas.	Iki.
Aquél.	Neka.
Aquí está (aquí tiene).	Nikanka.
Aquí.	Nikan.
Árbol.	Kwawitl.
Árboles.	Kwameh.
Ardilla.	Techalotl.
Ardillas.	Techalomeh.
Arena.	Xale.
Arete.	Pilole.
Armadillo.	Ayotochti.
Así de esa forma.	Ihkon.
Así.	Ihkin.
Atrás de la casa.	Kalkwitlapa.
Atrás de mi casa.	Nokalkwitlapan.
Aunque así.	Telmaski.
Aunque nada más.	Masah (maski).

ESPAÑOL	NAHUATL
Aunque.	Maski.
Autoridad.	Tlanawati.
Autoridades.	Tlatlanawahtihkeh.
Ayer.	Yiyalwa.
Ayuda.	Palewia.

B.

ESPAÑOL	NAHUATL
Bajaba de allá (hacia acá).	Owaltemoya.
Bajarán.	Temotewah.
Bajará.	Temos.
Bajo.	Temok.
Bajó.	Motemowi.
Bara (vara).	Kwilotl.
Barranca.	Athahtle.
Barrer.	Tlachpana.
Barriga (adentro).	Ihtetl.
Basura.	Tlasole'.
Basurita.	Tlatlasoltsi.
Bien.	Kwale.
Blanco.	Istak.
Boca abajo.	Ixtlahpach.
Boca.	Kamak'tle.
Bonito.	Kwakwaltsi.
Brujo.	Tetlahchiwi.
Buena, bien.	Kwale.
Burro (asno).	Tlameme.
Burros.	Burrohtih.
Burritos.	Buburrohtsitsi.

c.

ESPAÑOL	NAHUATL
Cabello de elote.	Ximolotsontle.
Cabello largo.	Tsonweyak.
Cabello.	Tsontle.
Canoso.	Kwatlakonex.
Canoso.	Kwaistapa.
Cabeza de animales.	Tsontekomameh.
Cráneo.	Tsontekomatl.
Cabeza.	Tsontekomatl.
Cabeza.	Tsonteko.
Caer.	Yitepewi.
Caer.	Tetepewi.
Caerá.	Tekapanis.
Calabacita.	A'ayohtsi.
Calabaza.	Ayohtle'.
Caliente (agua).	Totonki.
Caliente (fiebre).	Totonki.
Calmar (calmarse).	Monaktis.
Cambiará.	Kipatlas.
Cambié.	Onikpatlak.
Cambiarse una persona.	Patlak.
Caminaré.	Niahtinemis.
Caminaremos.	Tiahtinemiskeh.
Caminarán.	Yahtimeniskeh.
Camino (yo).	Ninehnemi.
Camino.	Ohtle'.
Caminos.	Ohtih.
Campo.	Tepetla.
Canto.	Kwikatl.
Cara.	Xayak'.
Caracol.	Tsompilakatl.
Caracoles.	Tsompilakameh.
Carbón.	Tekole'.

ESPAÑOL	NAHUATL
Caro.	Patioh.
Casa.	Kale.
Casas.	Kaltih.
Casita.	Kakaltsi.
Casitas.	Kakaltsitsi.
Caspa.	Kwatekixkitl.
Catrina.	Xinola.
Cayó.	Otepeh (fruta).
Cayó.	Tekapani (persona).
Cedritos.	Tlatlatskantsitsi.
Cedro.	Tlatska.
Cedros.	Tlatskanti.
Ceja.	Ixkwahmol.
Ceniza.	Tlakonextle.
Cerdo.	Pitsotl.
Cerilla (excremento de oído).	Nakaskwuitlatl.
Cerrado.	Tsantok.
Cerro.	Tepetl.
Cerros.	Tepemeh.
Ceniza.	Tlakonextle.
Cielo.	Ilwikak.
Cierto.	Melawak.
Cintura.	Tlahkotia.
Cobija.	Telmahtle.
Codo.	Molik'.
Collares.	Koskameh.
Comenzaron (ellos).	Opehkeh.
Comenzaron (ustedes).	Onampehkeh.
Comenzó (él).	Opeh.
Comenzaste (tú).	Otipeh.
Comerá (él).	Kikwas.
Comí.	Onitlakwa.

ESPAÑOL	NAHUATL
Comida.	Tlakwale.
Comidita.	Tlatlakwaltsi.
Comida ritual.	Tlakwalsintle.
Comienza.	Pewa.
Como este.	Kemenin.
Como no.	Kenamo.
¿Cómo?	Keni.
Como.	Nikwasexaxokotl.
Cómo.	Keni.
Con.	Ika.
Con (honorífico).	Ikatsinko.
Con eso.	Ikanon.
Conejo.	Tochtle.
Conejos.	Totochtin.
Conejito.	Totochtsi.
Conejitos.	Totochtsitsi.
Conjuntamente (honorífico).	Sepamaniantsinko.
Corazón (honorífico).	Yolotsin.
Corazón.	Yolohtle.
Corazoncito.	Yoyolotsin.
Coranzoncitos.	Yoyolotsitsi.
Córralo usted.	Motokili.
Corría.	Owalmotokak.
Corrí.	Oniwalmotoka.
Corrieron (ellos).	Owalmotokakeh.
Corrieron (ustedes).	Onanwalmotokakeh.
Corrieron (honorífico).	Onanwalmotokatsinohkeh.
Corteza.	Kwahyewatl.
Cosquilloso.	Kehkelki.
Coyota (mujer mestiza).	Xinola.
Coyotes (hombres mestizos, citadinos).	Koyomeh.
Coyotes (animales).	Kokoyoh.

ESPAÑOL	NAHUATL
Creen ustedes.	Nankineltokah.
¿Cúal?	Katle.
Cualquiera.	Sasonkatle.
Cuando entré.	Kwakonikalak.
Cuando eso.	Ihkwakinon.
Cuando eso sucedió.	Inikwakinon.
Cuando.	Kwak.
¿Cuánto?	Kexkich.
Cuatro.	Nawi.
Cuello.	Kechkwahyotl.
Cuidarán las pertenencias.	Motlakwitlawiskeh.
Cambiar de medicamento.	Patiliskiani.
Curandero.	Tepahti.

Ch.

ESPAÑOL	NAHUATL
Chapopote.	Chapopohtle.
Chaparro.	Chapak.
Charal.	Michtlasole.
Charales.	Michtlasoltih.
Chayote.	Chayohtle.
Chayotes.	Chayohtih.
Chayotitos	Chachayohtsitsi.
Chicas.	Kokoneh.
Chichona.	Chichiwalkanpana.
Chico.	Tsotsokoto.
Chimes.	Papalotl.
Chismear.	Papaliotl.

D.

ESPAÑOL	NAHUATL
Damos gracias.	Tikwaltlasohkamati.
De allí ya salió.	Neyowalkis.
De allí.	Dene.
De aquí.	Denika.
De ese.	Denon.
De esta forma.	Ihkin.
De esa forma.	Ihkon.
De mi mamá.	Denomale'.
De repente (irá).	Walahtikis.
De su nacimiento.	Denitlakatilitsi.
Débil (una pared, un lazo).	Yuhyulki.
Débil (una persona).	Yohyolkatok.
Decir algo a alguien.	Molwili.
Decisión.	Tlanenewile.
Dedo de la mano.	Mahpil'.
Dedo del pie.	Xopile'.
Deje usted.	Xmokawile.
Déjense ustedes ver.	Ximonextikah.
De él.	Den in.
Déle masaje.	Xmotetelanilili.
Déle usted.	Makilihtsino.
Delgada.	Tlahkopitsawak.
Delgado (a).	Pitsawak.
Delgado (objeto).	Pitsaktik.
Demasiado.	Tlawel.
Derecho.	Melahki. (sin rodeos).
Derecho.	Melahktika.
Desalojen.	Mantechchankixtikah.
Descalzas.	Xopetlahkeh.
Descansen ustedes.	Inesewiltsi.
Desmayo por hambre.	Tiokwalistle.
Día.	Tonale.

ESPAÑOL	NAHUATL
Dice.	Kihtowa.
Dice (con respeto).	Mihtalwia (con respeto).
Dicen (ustedes).	Nankihtowa.
Dicen (ellos).	Kihtowah.
Diente.	Tlankochtle.
Dientes.	Tlankochtih.
Dificultad para pronunciar.	Motehteltsinoa.
Diez.	Mahtlaktle.
Digo (yo digo).	Manikihto.
Digo.	Nikihtowa.
Dicen (ellos).	Kihtowah.
Dicen ustedes.	Namkihtowa.
Decimos.	Tikihtowah.
Dijo.	Okitelwi.
Dispénselos.	Xkinwalmodispensarwihtsinoa.
Doler.	Kokoa'.
Dolerme.	Nechkokos.
Dolor de diente o muela.	Tlankwalistle.
Doncella.	Ichpochtle.
¿Dónde?	Kampik.
Donde.	Kampa.
Dos veces.	Ompa.
Dos.	Ome.
Duele.	Kokoa.
Dulce.	Tsopelik.
Durmió.	Okoch.

E.

ESPAÑOL	NAHUATL
Él (honorífico).	Yehwantsi.
El estómago.	Ihte'.
El pasado.	Otonwalpanoke.
El popocatépetl.	Inpopocatepetl.
El sol.	Tonaltsintle.
El.	In.
Elevación o arena levantada.	Xalikewak.
Ellos.	Yehuan.
Elotito.	Yeyelotsitsi.
En compañía.	Sanseka.
En el día.	Tonalpa.
En o sobre.	Ipan.
En la barranca.	Atlahko.
En la madrugada.	Tlahkanawak.
En la noche.	Yowak.
En la nuca.	Ikekechpa.
En la tierra nueva.	Yancuitlalpan.
En ustedes.	Namopan.
Encía.	Tlankeketol.
Enfermedad.	Kokolistle.
Engañadores.	Tekamokayahke.
Enseñé.	Onikinkinmititih.
Entenado.	Tlakpakonetl.
Entonces vino.	Kwakinon owala.
Entra.	Kalaki.
Entraba.	Okalakia.
Eres espantoso.	Tlatitemahti.
Es suyo.	Iwaxka.
Esa tu porquería.	Nomopitsoyo.
Esa (o).	Non.
Esos (as).	Nonkeh.
Escoba rota.	Tlachpawaskotoktle.

ESPAÑOL	NAHUATL
Escobeta.	Xelwastle.
Escoba.	Tlachpawastle.
Escobas.	Tlachpawastih.
Ese marrano.	Nonlecho.
Espalda.	Tlahkokwitlapa.
Espeso.	Tsokitik. (lodo).
Espeso.	Tetsawak.
Estaba pasando.	Opanotikatka.
Estaba.	Okatka.
Están.	Kateh.
Estás ronca.	Tikechsawak.
Este tanto.	Xkichi.
Éste.	Nin.
Estos.	Nonkeh.
Estén ustedes.	Xiekah.
Estómago.	Ihtetl.
Estoy escuchando por si algo sucede.	Nitlatlakaki.
Estrella.	Sitlali.
Explotará.	Tsomonis.

F.

ESPAÑOL	NAHUATL
Fibra del maguey.	Ichtle.
Filoso.	Tenyo.
Finito (delgadito).	Pipitsawak.
Frente.	Ixkwaitl.
Frío (a).	Itstik.
Frijol.	Yetl.
Frijolitos.	Yeyetsitsi.
Fríos.	Itstikeh.
Fue arrojar.	Tepewato.
Fué.	Oya'.
Fuego.	Tle'tl
Fueron a vender.	Omotlanemakilitoh.
Fueron sacados.	Kixtitoh.
Fuerza de vida.	Chikawalistle.
Fuí a.	Onia.
Fueron (ellos).	Oyahkeh.
Fuiste (tú).	Otia.
Fueron (ustedes).	Onanyahkeh.
Fuimos rápido.	Otiahtiwitske.
Fuimos.	Otiahkeh.

G.

ESPAÑOL	NAHUATL
Gallina.	Sowakaxtil.
Gallinas.	Sowakaxtiltih.
Gallo.	Kaxtil.
Gallos.	Kaxtiltih.
Gavilan.	To'htle.
Gente de ciudad (empleado de gobierno).	Koyomeh.
Gorro de niño.	Kwachitahtle.
Gorros.	Kwachitahtih.
Grande.	Weyi.
Grasa (de puerco).	Yunto.
Grasa.	Ch'awa.
Grasoso.	Ch'awayo.
Grita.	Tsahtsi.
Gritaba.	Tsahtsia.
Grueso (una tabla).	Telawak.
Guajolote.	Totoli
Guajolote.	Wexolotl.
Guajolotes.	Wewexolo.
Guajolotito.	Wewexolotsi.
Guayaba.	Xaxokotl.
Guayabas.	Xaxokomeh.
Guayabito.	Xaxaxokotsi.
Gusano.	Okwili.
Gusanos.	Okwiltih.

H.

ESPAÑOL	NAHUATL
Hablan.	Tlahtoah.
Hablar.	Tlahtoskeh.
Hablo.	Nitlahtoa.
Habló.	Otlahhto.
Hablamos.	Otitlahtohkeh.
Hace rato.	Yiyewa.
Hace un año.	Yisexiwitl.
Hace ya seis.	Yichikwasen xiwitl.
Hamaca.	Maka.
Han informado.	Walmotenehti.
Harapienta.	Kokotoktik.
Hasta parece.	Stanesi.
Hacer.	Ayih.
Hay.	Onkan.
Hay.	Onka.
Había ido.	Oniwiya.
Heno.	Pachtle.
Hice.	Onikchiwili.
Hicieron.	Okichihkeh.
Hígado.	Ye'le.
Hijo (a).	Konetl.
Hijos.	Konewah.
Hijos.	Pilwah.
Hoja de (árbol).	Xiwitl.
Hoja de elote (hoja de mazorca).	Totomochtle.
Hoja de maíz (de la planta).	Tokmaitl.
Hoja verde larga.	Iswatl.
Hombre.	Tlakatl.
Hombrecitos.	Tlatlakatsitsi.
Hombres.	Tlakameh.
Hombro.	Ahkole.
Hombros.	Ahkoltih.

ESPAÑOL	NAHUATL
Hora.	Orah.
Hormiga negra.	Tsikatl kapotstik.
Hormiga roja (arriera).	Tsikatl chichiltik.
Hormigas.	Tsitsikah.
Hormiguitas.	Tsitsikahtsitsi.
Hoy.	Axan.
Hoy (en esta época).	Axkan.
Hoyito.	Kokoyoktsitsi.
Hoyo.	Koyoktle.
Hoyos.	Koyoktih.
Huarache.	Tekaktle.
Huaraches.	Tekaktih.
Huarachitos.	Tetekaktsitsi.
Hubiera sido.	Oyeskiani.
Hubiera usted ido.	Oxmikani.
Hubieras venido.	Oxwalani.
Huérfano.	Iknotl.
Huevo de gallina.	Kaxtilitetl.
Huevo de guajolota.	Totoltetl.
Huir.	Cholos.
Huirán.	Choloskeh.
Humea.	Popoka.
Humo.	Poktle.
Horqueta.	Kwamaxale.

I.

ESPAÑOL	NAHUATL
Iba.	Oyaya.
Iglesia.	Tiopantsinko.
Iglesia (templo respetable).	Tiopantsintle.
Iglesia (en día de fiesta).	Xochtepankaltsin.
Iglesia.	Tiopa.
Iguana.	Kohkitspali'.
Inscribirse.	Semomachotis.
Ir a dormir.	Kochitih.
Irá.	Yas.
Irán a dormir.	Kochitiweh.
Irán ustedes.	Nanyaskeh.
Irán.	Yaske.
Iré a encaminarte.	Nimitstlachaltiti.
Iré.	Nias.
Iremos.	Tiaskeh.

J.

ESPAÑOL	NAHUATL
Jarro.	Xaloh.
Jarros.	Xalohtih.
Jarrito.	Xaxalohtsi.
Jarritos.	Xaxalohtsitsi.
Jovencitas.	Ichpochtsitsi.
Jovencitos.	Tetelpochtsitsi
Jueguete.	Ahawile'.
Juguetes.	Ahawiltih.
Juntar lo que hay que recolectar.	Sentlaliti.
Junté.	Sentlali.
Junto a.	Inawaktsinko.

L.

ESPAÑOL	NAHUATL
La encaminaré.	Nikontlachaltis.
La espera.	Kichias.
La iglesia.	Intiopantsinko.
La mitad.	Tlahko.
La molestia.	Kimosiwia.
La veíamos.	Otikitaya.
La.	In.
Labio.	Tenxipale'.
Lagaña (excremento del ojo).	Ixkwihkwitlatl.
Lagartija.	Tohtopi.
Lágrima.	Ixkayotl.
Lama (excremento del agua).	Xamaxkwitlatl.
Las ollas.	In xoktih.
Lava (lavar).	Paka.
Lava (volcán).	Tlemoxaltl.
Le abriremos la boca.	Kamachaloltiskeh.
Le cambió de ropa.	Okitlapatili.
Le causa mal.	Kitlawelnamiki.
Le cayó mal.	Okitlawelnamik.
Le da.	Kimaka.
Le dije.	Nikilwi.
Le dolía a usted.	Mitsmokokolwiaya.
Le gusta.	Kikwalita.
Le hace.	Kichiwilia.
Le hice.	Nikchichiwili.
Le hizo a usted.	Omitsmochiwilili.
Le queda (la blusa).	Mitsmonamikilia.
Le regalaron.	Mitsmotlakolilihke.
Le recuerdo a él o a ella.	Nikilnamiktia.
Lengua.	Nenepile'.
Lenguas.	Nenepiltih.
Leña.	Tlatlatikwawitl.

ESPAÑOL	NAHUATL
Les dicen.	Kinmilwiah.
Les gusta (ustedes).	Nankikwalitah.
Les gusta (ellos).	Kikwalita.
Les hablaron de lejos.	Okinwaltsocayah.
Liendre.	Asili.
Liendres.	Asiltih.
Listones.	Listontih.
Llano.	Ixtlawak.
Llegaron.	Asikoh.
Llegó.	Asiko.
Llévatelo.	Xkwika.
Llevatelos.	Xkinwika.
Llévelo usted.	Xmikili.
Llover.	Kiawitl.
Llueve.	Kiawi.
Llovizna.	Tlatsotsonkiawitl.
Llovizna.	Tlapixkiawitl.
Lo atacó.	Okitlakamat.
Lo acepto él.	Okiselin.
Lo bebí.	Onikonik.
Lo bebía.	Onikoniya.
Lo buscará (honorífico).	Kimotemolis.
Lo buscará.	Kitemos.
Lo compró.	Okiko.
Lo compré.	Oniko.
Lo cortó.	Okimotehtekili.
Lo dice él.	Kihtowa.
Lo dice ella.	Kimihtalwia.
Lo dice.	Kihtowa.
Lo dirá desde allá.	Kiwalmihtalwis.
Lo fueron a vender.	Okinemakatoh.
Lo golpea.	Kitepachoa.

ESPAÑOL	NAHUATL
Lo hace.	Kichiwa.
Lo hará.	Kwalmochiwilihtsinos.
Lo llaman.	Kinotsah.
Lo llevó.	Okimikili.
Lo mando él.	Kwalmotitlania.
Lo manosea.	Kimanelohtok.
Lo meterá.	Kikalakis.
Lo miré.	Tlachilia.
Lo pica (lo pincha).	Kitsohtsopinia.
Lo pondré.	Niktlalis.
Lo que encontramos a la mano.	Tikmanamikih.
Lo que encuentra.	Tlenkimanamiki.
Lo que encuentre.	Tlenikasis.
Lo sabe.	Kimati.
Lo sentí.	Onikmachili.
Lo siente.	Kimachiliah.
Lo siento.	Nikmachilia.
Lo tiene usted.	Tikmopilia.
Lo tomamos.	Tikana.
Lo trasladarán.	Nakwalmoyeyantilihtsinoske.
Lo vigilaba.	Oniktlachiliaya.
Lo voy a traer.	Nikanati.
Loca.	Kwekwe.
Los acabé.	Onikintlami.
Los espantó.	Okinmahtih.
Los irán a ver.	Kimitakiweh.
Los tienen presentes.	Nankinwalmopilihtsinoah.
Los tragué.	Onikintolo.
Luego.	Saniman.
Lugar de coyotes.	Coyotla.
Luz (solar).	Tlanextle'.
Luz (eléctrica).	Tlawile.

M.

ESPAÑOL	NAHUATL
Madrastra.	Tlakpamale'.
Madrecitas (comadritas).	Nantsitsiwah.
Maguey.	Metl.
Magueyes.	Memeh.
Magueyito.	Memetsi.
Magueyitos.	Memetsitsi.
Maíz.	Tlayole'.
Mazorca.	Sentle.
Maicito.	Tlatlayoltsi.
Mamá.	Male'.
Manantial.	Ameyale.
Manita.	Mamahtsi.
Manitas.	Mamahtsitsi.
Mano de metate.	Metlapilitl.
Mano derecha.	Yekankomaitl.
Mano izquierda.	Opochmaitl.
Mano.	Mayitl.
Mano.	Maitl.
Manos.	Mameh.
Mapa.	Amatlalmachiotl.
Mapache.	Mapach.
Mapaches.	Mapachtih.
Marido.	Tlawikal.
Mariposa.	Papalotl.
Mariposas.	Papalomeh.
Marranito.	Pipitsotsi.
Marranitos.	Lelechontsitsi.
Marrano.	Lecho.
Más que.	Okachimastlen.
Más.	Okachi.
Masa.	Te'xtle.
Máscara.	Wewechayakatl.

ESPAÑOL	NAHUATL
Máscaras.	Wewechayakameh.
Mata.	Miktia.
Me agarró.	Onechkichki.
Me apresuró.	Nimahkamiki.
Me da.	Nechamaka.
Me dice.	Nechilia.
Me dió.	Onechmakak.
Me dirá.	Nechilis.
Me diste a mí.	Otinechmakak.
Médico.	Tepahtiani.
Me fuí.	Onia.
Me ha tenido (padeciendo).	Nechwalpixti.
Me hace.	Nechchiwaltia.
Me lave la cabeza.	Onimalti.
Me lo hizo.	Onechchiwalti.
Me lo pusieron.	Onechtlalilihke.
Me lo pusiste.	Otinechtlalili.
Me lo vederas tú.	Tinechnemakiltis.
Me lo regaló.	Onechtlakoli.
Me lo pusiste a mí.	Otinechintlalili.
Me molestó todo el día.	Onechsemilwitli.
Me pasó.	Onechpanok.
Me plancharon.	Onechplancharohkeh.
Me quedé.	Onimokah.
En ti me sentaré.	Mopanimotlalis.
Me.	Nech.
Mecapal.	Mekapale'.
Mecapales.	Mekapalti.
Medicina.	Pahtle.
Mentirosa.	Tekamokaya.
Mes.	Me'tstle.
Mestizo (citadino).	Koyotl.

ESPAÑOL	NAHUATL
Metates.	Metlameh.
Mi agua.	Noah.
Mi blusa.	Nosaco.
Mi boca.	Nokamak.
Mi borrego.	Nokalnelo.
Mi cabeza.	Notsonteko.
Mi casa (hogar).	Nocha.
Mi casa (construcción).	Nokal.
Mi cobija.	Notelma.
Mi collar.	Nokoska.
Mi cuello.	Okechkwahyo.
Mi enagua (mi falda).	Nokwe.
Mi mujer.	Nosowa'.
Mi estómago.	Nihte'.
Mi estómago.	Noihte'.
Mi faldita.	Nokwekwe.
Mi hermana(o).	Nokni.
Mi hija.	Nochpoka'.
Mi hijo.	Nokoneh.
Mi hijo.	Notelpoch.
Mis hijos.	Nopilwah.
Mi hombro.	Noahkolwah.
Mi hueso.	No'omite.
Mi marranito.	Nolelecho.
Mi metate.	Nometl.
Mi nariz.	Noyekahcol.
Mi nuca.	Nokechpa.
Mi ojo.	Nixtololo.
Mi peine.	Notsekawas.
Mi perro.	Notskwi.
Mi pie.	Nokchi.
Mi pulque.	Nopulke.

ESPAÑOL	NAHUATL
Mi rebozo.	Nopayo.
Mi sangre.	Noyeso.
Mi tortilla (mi itacate).	Notlaxcal.
Mi uña.	Noste'.
Mira tú.	Xkita.
Mirada.	Tlachialis.
Mis árboles.	Nokwawah.
Mis aretes.	Nopipilolwah.
Mis casas.	Nokalwah.
Mis cobijas.	Notelmahwah.
Mis codos.	Nomolik'wah.
Mis dedos de los pies.	Noxoxopilwah.
Mis hermanos.	Tokniwah.
Mis hijitos.	Nokokonewah.
Mis hijos.	Nopilwantih.
Mis hombros.	Noahkolwah.
Mis huaraches.	Notekakwah.
Mis comadritas.	Nonantsitsiwah.
Mis ojos.	Nixtotalowah.
Mis padrecitos (compadritos).	Notahtsitsiwah.
Mis peines.	Notsekawaswah.
Mis pies.	Nokxiwah.
Mis uñas.	Nostewah.
Mi pañuelos.	Nopalyohyowal.
Mis pañuelos.	Nopayohyowalwah.
Mitad.	Tlahko.
Moco.	Ixkwihkwitlatl.
Molcajete.	Tetsopi.
Molcajete.	Molka'xitl.
Molcajetes.	Totsopimeh.
Molesta la enfermedad.	Moloni.
Molleja.	Tetemitl.

ESPAÑOL	NAHUATL
Muchacha.	Ichpokatl.
Muchachas.	Ichpokatotoh.
Muchachas.	Ichpokameh.
Muchachitas.	Ichpopokatotoh.
Mucho.	Miek.
Mujer hablante del wewetlahtoli.	Lamatlahto.
Mujer (niña chiquita).	Pipixina.
Mujer.	Sowatl.
Murciélago.	Kimichpapatla.
Murciélagos.	Kimichpapatlameh.
Muy.	Tlawel.

N.

ESPAÑOL	NAHUATL
Nació él.	Omotlakatili.
Nada más (lo escucharé).	Sanikonkakis.
Nada más.	Saye.
Naguas.	Kweyitl.
Nalgas (glúteos).	Tsintamaltih.
Nada más lo compré.	Onikosa.
Nariz.	Yekahtsole.
Neblina.	Mexayawitl.
Negro.	Kapotstlik.
Ni.	Ñon.
Nido.	Tepasole.
Ninguna parte.	Amokanah.
Ninguno.	Amaka.
Ningunos.	Amakah.
Ni uno.	Amakin.
Niño chiquito.	Pipixi.
No.	Amo.
No (honorífico).	Amotsi.
No lo encuentra.	Amokasi.
Noche.	Yowale'.
Nada más están esperando.	Samochixtikateh.
Nada más.	Sa (san).
Nombre de un poblado.	Xalitsintla (topónimo).
Nombre del pueblo.	Yancuitlapan (topónimo).
Nopal.	Nohpalitl.
Nopales.	Nohpaltih.
Nopalito.	Nonohpaltsi.
Nopalitos.	Nonohpaltsitsi.
Nopetl.	Mi petate.
Nos alcanzó.	Techasiko.
Nos hace sufrir.	Tecmanitia.
Nos pagó.	Otechtlaxtlawi.

ESPAÑOL	NAHUATL
Nos repartimos.	Otimoxexelohkeh.
Nos sentimos satisfechos.	Tikmachiliah.
Nos transportaron.	Otechsakakeh.
Nosotros pedimos.	Tikontlahtlani.
Nosotros.	Tehuantih.
Novios.	Motenewa.
Niño.	Pipiltontle.
Niños.	Pipipiltoth.
Nube.	Mextle.
Nublado.	Mextla.
Nuca.	Kechpa.
Nuestra parte.	Toparte.
Nuestra tortilla.	Totlaxkal.
Nuestro dios.	Toteki (dios).
Nuestro camino.	To'ohui.
Nuestro estómago.	Tihte'.
Nuestro salvador.	Totemakixtihkatsi.
Nuestros padres.	Totahtsitsiwah.
Nuevo (a).	Yankwik.

o.

ESPAÑOL	NAHUATL
O.	Noso.
Ocote.	Okotl.
Ojo.	Ixtololohtle.
Olla.	Chok'tle.
Ollas.	Chok'tih.
Ollin.	Kalwichtle.
Olote.	Olotl.
Olotes.	Olomeh.
Olotito.	Olotsin
Olvidas.	Tikilkawa.
Ombligo.	Xiktle'.
Ordenó.	Otlanawati.
Oreja.	Nakastle.
Orejas.	Nakastih.
Otra vez.	Oksepa.
Otro.	Okse.
Oye.	Kikaki.
Oyo.	Okikak.

P.

ESPAÑOL	NAHUATL
Padrastro.	Tlakpapale'.
Padres o papás.	Tahtsitsiwah.
Pagamos (él).	Otiktlaxtlahkeh.
Paganos a ellos.	Otikintlaxtlawihkeh.
Pájaro carpintero.	Keretots.
Palo (árbol).	Kwawitl.
Pantorrilla.	Kotstamale'.
Panza (barriga).	Ihtepetlayewatl.
Pañal.	Kwekwetsi.
Pañales.	Kwekwetsitsi.
Paño (rebozo).	Payo.
Pañuelo.	Payoyohwale.
Papá.	Pale'.
Parado.	Ihkatok.
Parecer.	Nesi.
Pareja.	Namik.
Pared.	Tepamitl.
Paredes.	Tepantih.
Pasaba.	Opanoya.
Pasará.	Panos.
Paso allá.	Panoltito.
Pasó.	Opanok.
Pastilla.	Papastiyahtsi.
Peine.	Tsekawastle.
Pelo de gato (pelo de perro).	Tohmitl.
Pelo de mi perro.	Ihtomiyo.
Perra.	Chichilamah.
Perro.	Chichi.
Perros.	Chichimeh.
Pescadito.	Mimichtsi
Pescado.	Michi.
Pescados.	Michtih.

ESPAÑOL	NAHUATL
Petates.	Petlahmeh.
Pico de un pájaro.	Tenpile'.
Piel.	Yewatl.
Pieles.	Yewameh.
Pierna.	Keskwayotl.
Piernas.	Keskwahyomeh.
Pies.	Ikximeh.
Pinole.	Pinole'.
Piojo.	Mehtoli.
Piojos.	Mehtoltih.
Planta de maíz (milpa).	Mile'.
Plática.	Tlanonotsale.
Platicar.	Nonosa.
Pongo.	Nikteka.
Por allí.	Neyik.
Por eso.	Yehwanon.
Por favor súplica.	Kwalmo.
Por ahí.	Ikonkik.
Por la tarde.	Tiotlak.
Por la tarde-noche.	Tiotlakampa.
Por la tarde.	Tiotlakiswik.
Por mitades.	Tlatlahko.
¿Por qué?	Tleka.
Porque.	Porin.
Posibles.	Weles.
Pronunciar bien.	Yektenalkisa.
Pudieran ustedes.	Welitilitsinoskiaya.
Pudieron.	Owalmowelitilihkeh.
Pues.	Tel.
Pulga.	Tekpi.
Pulgas.	Tekpintih.
Pulguitas.	Tetekpintsitsi.

ESPAÑOL	NAHUATL
Punteagudo (un palo).	Pintik.
Puse.	Oniktlali.
Pusieron.	Tlalilihkeh.

Q.

ESPAÑOL	NAHUATL
Que caminemos.	Mantinehnemika.
Qué cosa.	Tleno.
¿Que cosa?	¿Tlenono?
Qué dejaron.	Okinkahtehkeh.
Qué están aquí.	Ihlowak.
Que fuera ya.	Tlemach.
Que le vaya limpiando.	Mamicmotlapopowilihti.
Que lloró.	Keochokak.
Que no.	Chamo.
Que nos dé.	Mankwalmokawilihtsino.
Que nos desalojen.	Otechkixtiskeh.
Que salgan.	Mankixowa.
Que saque.	Manikixti.
Que se siente.	Mamotlali.
Que se vaya.	Manya.
Que sí.	Mach.
Que uno vaya.	Masemanyo.
Que uno.	Seman.
Que vayamos.	Mantiakah.
Que vender.	Monemaka.
Que yo baje.	Manitemo.
Que yo comiera.	Nitlakwa.
Que yo tragaré.	Niktolos.
¿Qué?	¿Tlen?
Quedarán.	Mokawaskeh.
Quizó.	Okinek.
Quería.	Okinekia.
Quién sabe.	Amatis.
Quién sabe.	Ankimatis.
Quiénes.	Akinke.
Quiere él.	Kimonekiltia.
Quiere.	Kineki.

ESPAÑOL	NAHUATL
Quieren.	Kinekih.
Quince.	Kaxtole.
Quise.	Oniknek.

R.

ESPAÑOL	NAHUATL
Raicitas.	Nenelwahtsitsi.
Raíz.	Nelwatl.
Rama de árbol.	Kwahmayitl.
Renacuajo.	Atolokatl.
Renacuajos.	Atotolokameh.
Rápido.	Isihkah.
Rata.	Weyikimichi.
Ratas.	Wehweyikimichtih.
Ratón.	Kimichi.
Reclinado sobre la oreja.	Nakasik.
Recolectar.	Ohololoti.
Recolectaré.	Nitlahtlasentlalis.
Redondo.	Yewaltik.
Regresar.	Mokwepas.
Reir.	Wetskistle.
Relámpago.	Tlapetlanale'.
Respetable domicilio.	Chatsinko.
Respetable sal (ceremonial).	Istatsintle.
Respetables (personas).	Tlatlakatsitsi.
Reunidos.	Kinxomolohtok.
Reunió.	Okinxomolo.
Rezaron.	Orezarohkeh.
Río.	Atlahtle.
Robará.	Tlachtekis.
Robaron.	Otlachtekeh.
Rodilla.	Tlankwaitl.
Rodillas.	Tlankwameh.
Rogamos a ustedes (suplicamos).	Timotlatlahtia.
Rojo.	Chichiltik.
Ropa.	Tsocomahtle.
Ropa.	Tlakemitl.
Roto.	Kotoktik.

S.

ESPAÑOL	NAHUATL
Saber.	Mati.
Sabía.	Matatika.
Sabemos perfectamente lo que dicen.	Tikwalasihkamatih.
Sacaré.	Nikixtis.
Sacarlos (evacuar a ellos).	Kixtiskeh.
Sacerdote (cura).	Tiopixkatsi.
Sal.	Istatl.
Saldrán.	Kisaskeh.
Salecita.	Istatsi.
Salgo de allá.	Niwalkisa.
Salí.	Onikis.
Salieron ellos.	Okikixowak.
Salió de.	Owalmokixti.
Salir de allá.	Walkisas.
Salir de la casa.	Semankisa.
Saliva.	Chihchatl.
Sangre.	Yestle.
Sapo.	Temasole'.
Sáquenlos.	Xkinmokixtilikah.
Sarna.	Xiyotl.
Se alivia.	Sewi.
Se apartó media noche.	Omoxelo.
Se avergüenza.	Pinawah.
Se bañó.	Omoteh.
Se calmó.	Omonakti.
Se cubríran.	Motlapachoskeh.
Se da de vueltas.	Tlayeyewaloa.
Se derrumbará.	Tlawewelokas.
Se encima uno a otro.	Monenepanoa.
Se enojará.	Mokwalanaltis.
Se enojó.	Mokwakwalanalti.
Se equivocaron.	Omotlapololtihkeh.

ESPAÑOL	NAHUATL
Se espantaban.	Mahtiaya.
Se fué a refugiar.	Omokalotitoh.
Se fueron a refugiar.	Omokalotihtsinoto.
Ya se fueron a refugiar.	Yomokalotitoh.
Se gasta.	Mogastaroa.
Se ha cambiado de ropa.	Omotlapatilihtewak.
Se hablaban.	Monomonocayah.
Se hace tarde.	Tlayowa.
Se hace.	Mochiwa.
Se hizo.	Omochih.
Se hospedan.	Mokalotiah.
Se hospedaron.	Omokalotihke.
Se hubiera aliviado.	Osewiskiani.
Se hará.	Walmochihtsinos.
Se le cura.	Mopahtilia.
Se llama.	Motenewa.
Se llenó.	Omotemiti.
Se lo dió en la mano.	Kimomaktili.
Se lo ponen.	Kitlalia.
Se los regalaron.	Okintlakolihke.
Se molestará él o ella.	Momolestarohtsinos.
Se necesitaba.	Omonekia.
Se perdieron.	Opolihke.
Se quedará.	Mokawas.
Se quedaron.	Omokahtsinohkeh.
Se ríen.	Ehelweckah.
Se ríen.	Wetskah.
Se ruega.	Motlatlahtitsinoa.
Se sentará.	Motlalis.
Se sentarán.	Motlaliskeh.
Se sienten.	Yimomachilia.
Se vestía.	Okitlaliaya.

ESPAÑOL	NAHUATL
Se vió.	Ones.
Se visten de.	Motlakentiah.
Seguía.	Okiseguirowaya.
Seis.	Chikwase.
Semilla de calabaza.	Ayosemilla.
Seno.	Chichiwale.
Senos.	Chichiwaltih.
Sentado.	Yewatok.
Sentado.	Yewatika.
Sentí.	Nikmachili.
Sepan ustedes.	Machitikah.
Sepulcro.	Mikatekochtle.
Si.	Tla.
Si es.	Tlaihikon.
Si no.	Tlamo.
Si nos dará.	Tlatechmomakilihtsinos.
Si acaso.	Kox.
Sí.	Kema.
Siete.	Chikome.
Si no.	Xamo (chamo).
Sobre de ti.	Mopa.
Sol.	Tonaltsintle.
Sol.	Tonatiuh.
Sombra.	Tonameyotl.
Somos felices.	Tipakih.
Somos muchos.	Timiyekeh.
Sonaja.	Ayekachtle.
Su cabellito.	Nitsotso.
Su cabello corto.	Itsotso.
Su cabello (su trenza).	Nitso.
Su cabello.	Itso.
Su casa de él o ella.	Icha.

ESPAÑOL	NAHUATL
Su chikihuite de usted.	Mochikihtsi.
Su chikihuitito de usted.	Mochichikhtsi.
Su cuerno.	Ikwakwa.
Su de ustedes.	Namo.
Su de su enfermedad.	Iwaxkayo.
Su falda.	Ikwe.
Su falda.	Nikwe.
Su faldita.	Ikwekwe.
Su imagen.	Nitlachialis.
Su chamaca (su hija).	Ichpoka.
Su olote de ellos.	Inmolo'.
Su palabra (honorífico).	Itlahtoltsi.
Su paso de.	Ipasohtsi.
Su rebocito.	Ipapayo.
Su rebozo de ella.	Ipayohtsi.
Su rebozo.	Ipayo.
Su vida de ustedes.	Namonemilis.
Su vida de ustedes.	Namovida.
Su voluntad.	Itlanekilitsi.
Sucia (la ropa).	Tecokwitlayo'.
Sufrí.	Onisemilwiti.
Sus casas de ellos.	Nincha.
Sus cuernos.	Ikwakwawah.
Sus naguas.	Ikwewa.
Sus pies.	Nikxiwah.

T.

Telaraña
Tekatsanili

ESPAÑOL	NAHUATL
También.	Nowihki.
También.	Ochika.
Tardará.	Wehkawaltis.
Te prepararás.	Timochihchiwah.
Te queda.	Mitsnamiki.
Te (me, nos).	Mits.
Techo.	Tlapachole.
Tecolote.	Tekolotl.
Tecolotes.	Tekolomeh.
Tecolotes.	Tetekoloh.
Telaraña.	Tekatsanili.
Telarañas.	Chichikihtero.
Tengo hambre.	Nimayana.
Tenía.	Okipiaya'.
Teníamos.	Otikpiayah.
Ti.	Te'.
Tiene.	Kipia.
Tienen.	Kimpiah.
Tierra.	Tlale.
En la tierra.	Tlalpan.
Tirados.	Wehwetstokeh.
Tlacuache.	Tlakwatl.
Tlacuaches.	Tlakwameh.
Tamo del maíz.	Tlayolxonelwatl.
Toma.	Xkoni.
Tomar en brazos.	Napalos.
Tomará medicamento.	Pahyis.
Tomo.	Nikana.
Tontería.	Tontohyo.
Tortilla.	Tlaxkale.
Tortillas.	Tlaxkaltih.
Tortillita.	Tlatlaxkaltsi.

ESPAÑOL	NAHUATL
Totol (macho).	Totoli.
Totola (hembra).	Sowatotoli.
Trabaja (él o ella).	Tekiti.
Trago.	Niktolowa.
Troje (donde guardan el maíz).	Senkale.
Trapo (tela).	Tatapahtle.
Trapos.	Tatapahtih.
Trenzar.	Trenzarowa.
Tres días.	Yeyitonalpan.
Tres.	Yeyi.
Tres veces.	Yexpa.
Triste.	Tlakolmakato.
Tristeza.	Tetlakolti.
Trueno.	Tlatekwinale'.
Tu cabello.	Motson.
Tu cabeza.	Motsonteko.
Tu casa.	Mocha.
Tu mamá.	Momama.
Tu mochila.	Momochila.
Tu ropa.	Moropa.
Tú.	Te.
Tus papeles.	Moamawah.

U.

Uña
Istetl

ESPAÑOL	NAHUATL
Una plática mía.	Senotlanonotsal.
Único.	Sentetl.
Uno el.	Seyin.
Uno está gastando.	Sekigastarohtika.
Uno (personalizado).	Se.
Úntele alcohol.	Alkolwili.
Uña.	Istetl.
Usted me lo dijo.	Otinechmolwili.
Usted.	Tehwantsin.
Ustedes (honorífico).	Namomawitsotsi.
Utiliza.	Serviroa.

V.

Viento
Ehekatl

ESPAÑOL	NAHUATL
Va usted.	Timika.
Va.	Yawi.
Vacío.	Amotenki.
Vamos pasando.	Mantipanotaka.
Vamos.	Tiawe.
Van a trabajar.	Tekititiwe.
Van.	Yawe.
Vasija.	Komitl.
Vayan ustedes.	Xiakah.
Ve tú.	Xia.
Venado.	Masatl.
Venaditos.	Mamasatsitsi.
Venados.	Mamasa.
Venados.	Masameh.
Vendrá.	Walas.
Venga.	Waloh.
Vengan ustedes.	Walmikatsinoka.
Vengo hacia mi casa.	Niwalahti.
Vengo.	Niwits.
Venimos.	Otiwalahke.
Venir a dar la vuelta.	Tlayewaloki.
Vereda.	Ohpitsaktle.
Viniste.	Tiwala.
Veinte.	Sempoale.
Verá usted.	Tikmotilis.
Vete.	Xia.
Ví.	Onikitak.
Ellos vienen.	Witseh.
Vienes.	Tiwits.
Viento.	Ehekatl.
Vine.	Oniwala.
Vinieron.	Owalahkeh.

ESPAÑOL	NAHUATL
Viruela.	Sawantsintle.
Viste.	Otikitak.
Vístete.	Xmotlakenti.
Vivía.	Ochantia.
Vivienda.	Chantle.
Vivimos.	Tinemi.
Voy a traer agua.	Natlakwiti.
Voy a traer algo.	Anati.
Voy a traerlo.	Manikonana.
Voy a.	Nia'.
Voy.	Niahti.

Y.

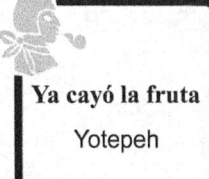

Ya cayó la fruta
Yotepeh

ESPAÑOL	NAHUATL
Y esto.	Wanin.
Y no.	Wanamo.
Y.	Wan.
Ya bajó (honrífico).	Yomotemowi.
Ya cambiamos (trueque).	Yotikmopatilihkeh.
Ya cayó la fruta.	Yotepeh.
Ya comenzó.	Yopeh.
Ya como.	Yikeme.
Ya cumplieron.	Yokwalmokumplirwihtsinohkeh.
Ya disminuyó.	Yotsinkis.
Ya fué.	Yoya.
Ya hace años.	Deyiwehka.
Ya iba.	Oyahtikatka.
Ya informaron.	Yokitelwikhke.
Ya le agarraba a usted.	Yomitsmaxiliaya.
Ya limpió.	Yotlapohpo.
Ya lo hizo.	Yokonchi.
Ya lo sentí.	Yonik machili.
Ya lo traemos.	Yitikwalekah.
Yame fuí.	Yonia.
Ya me lo hizo.	Yonechiwili.
Ya me molestó.	Yonechmaniti.
Ya me senté.	Yonimotlali.
Ya no.	Akmo.
Ya no está.	Akmaka.
Ya no puedo.	Akmoniweliti.
Ya pasó.	Yopanok.
Ya rezaban ellos.	Yomorezarwiayah.
Ya salieron ellos.	Yomokixtihkeh.
Ya se abrió.	Yomotlapo.
Ya se acabó.	Yotla.
Ya se aflojó.	Yokaxa.

ESPAÑOL	NAHUATL
Ya se agarró bien.	Yomoyek kihcki.
Ya se apretó.	Yotehteli.
Ya se asustaron.	Yimahkamikih.
Ya se espantó.	Yomomahti.
Ya se fue ella.	Yomikak.
Ya se vayan.	Yonanyahkeh.
Ya se fueron a comer como puercos.	Yopitsotlakwato.
Ya se fueron ellos.	Yomikakeh.
Ya se lo llevaron.	Yokwikake.
Ya se mojó.	Yomopaltili.
Ya se pudrió.	Yopala.
Ya se regresaron a sus casas.	Yowalmokalakihke.
Ya se vá.	Yeya'.
Ya se va.	Yimika.
Ya se vistió.	Yomotlapatili.
Ya tienen vergüenza.	Yipinawah.
Ya vendrá a salir.	Yekisaki.
Ya.	Ye.
Ya está.	Yekah.
Ya vine.	Yiwits.
Yo a ninguno.	Ne'amaka.
Yo le (di).	Onikmakak.
Yo te digo.	Nimitsilwia.
Yo seco.	Nikwaca.
Yo te cambiaría.	Nimitspatilis.
Yo te hubiera curado.	Nimitspahtiskiani.
Yo te los hubiera dado.	Onimitsinmakani.
Yo tengo.	Nikpia.
Yo vomitaré.	Nikwepas.
Yo vomito.	Nimisotla.
Yo.	Nehwa.

Z.

ESPAÑOL	NAHUATL
Zacate.	Sakatl.
Zopilote.	Tsohpilotl.
Zorra.	Ostotl.
Zorras.	Ostomeh.
Zorrillitos.	Yeyepatsitsi.
Zorrillo.	Yepatl.
Zorrillos.	Yepameh.

www.ingramcontent.com/pod-product-compliance
Lightning Source LLC
Chambersburg PA
CBHW061942220426
43662CB00012B/1994